男の子をやる
気にさせる勉強法

养育
优秀男孩

让男孩轻松爱上学习的秘密

日本亲子学习协会 **理事**
[日]小室尚子 著

宋依阳 译

天津出版传媒集团
天津科学技术出版社

著作权合同登记号：图字02-2020-55

OTOKONOKO WO YARUKINISASERU BENNKYOHOU by NAOKO KOMURO Copyright © 2018 NAOKO KOMURO
Simplified Chinese translation copyright © 2020 by BEIJING BAMBOO STONE CULTURE COMMUNICATION CO.,LTD
All rights reserved.Original Japanese language edition published by SHODENSHA Publishing Co.,Ltd. .Simplified Chinese translation rights arranged with SHODENSHA Publishing Co.,Ltd.through Lanka Creative Partners co., Ltd. and Rightol Media Limited.

图书在版编目（CIP）数据

养育优秀男孩：让男孩轻松爱上学习的秘密 /（日）小室尚子著；宋依阳译. -- 天津：天津科学技术出版社，2020.8

ISBN 978-7-5576-8056-5

Ⅰ.①养… Ⅱ.①小… ②宋… Ⅲ.①学习兴趣－家庭教育 Ⅳ.①G782②G442

中国版本图书馆CIP数据核字(2020)第113018号

养育优秀男孩：让男孩轻松爱上学习的秘密
YANGYU YOUXIU NANHAI:RANG NANHAI QINGSONG AISHANG XUEXI DE MIMI
责任编辑：胡艳杰

出　　版：	天津出版传媒集团
	天津科学技术出版社
地　　址：	天津市西康路35号
邮　　编：	300051
电　　话：	(022) 23332695
网　　址：	www.tjkjcbs.com.cn
发　　行：	新华书店经销
印　　刷：	天宇万达印刷有限公司

开本 880×1230　1/32　印张 5　字数 100 000
2020年8月第1版第1次印刷
定价：42.00元

序一

PREFACE

"赶快把作业写完!"

"要我说多少次你才能明白!"

"回家后难道不是应该马上洗手、漱口吗!"

家里有男孩的妈妈,似乎每天都处于战斗状态。

他们总是把父母说的话当成耳旁风,整天丢三落四,泡完澡还没用毛巾擦干就跑来跑去,作业还没做完就想溜出去玩……

那些权威育儿手册中的办法在男孩这里统统失灵。

如果是女孩,只要给她一个玩具或者一本书,她就能一个人静静地玩。但是对于活动范围半径为200米的男孩子,这种方法可行不通。所以妈妈做家务的时候还得悬着一颗心,着实耗神。

可以说,养男孩要比养女孩辛苦100倍。全国的男孩妈妈,你们真的辛苦了!

小学是孩子学习生活正式起步的阶段，至关重要。妈妈们经常担心："我家孩子是不是比别的孩子差？"

由于恨铁不成钢，因此很多妈妈总是不自觉地训斥孩子，之后又会自责不已，从而陷入恶性循环。

也有很多妈妈因为孩子太不听话，导致烦躁值达到顶峰。

然而，谁都不是故意想训斥孩子的。

如果不靠训斥，孩子就能主动地把自己的事情做好并且努力学习，那该多好。这样一来，妈妈就有时间拓展孩子的技能，还可以陪孩子挑战一些以前没做过的事情。

那么，到底有什么办法可以让孩子主动爱上学习呢？

解决这个问题，正是我写这本书的目的。

序二
PREFACE

初次见面，我叫小室尚子。

我作为日本亲子学习协会的代表，到目前为止，接触过的家长超过12000名。我甚至和许多妈妈进行过面对面的交流，倾听她们的种种烦恼。

在各种烦恼当中，咨询次数最多的是与5岁至小学低年级男孩有关的内容，咨询次数是女孩的4~5倍。

跟女孩一说就懂的事，到了男孩这里完全行不通。我刚刚开设补习班的时候也一样，由于跟男孩沟通不畅，导致自己的情绪十分低落。

然而，在和许许多多的孩子及他们的家人接触后，我渐渐明白了一件事。

那就是，不管多注意自己的措辞和表达都收效甚微。面对孩子学习这件事，更是如此。

另外，我还注意到，若想激发孩子的学习兴趣，进而让他们主动学习，需要用到某种方法。

我在授课时尝试过这种方法后发现，无须我多言，孩子们便能寓学于乐，甚至拥有了学习的主动性。

与此同时，我从全国各地的妈妈那里也不断收到令人欣喜的反馈：

"在尝试小室老师的方法之前，我们母子的关系有点儿僵，经常吵架。现在就算我不训斥，儿子也能主动学习，家里也回归了宁静。"

"以前孩子一回家就玩游戏，现在不用我说也能自己主动去做作业了。即使玩游戏，也能主动设置好结束时间。"

托各位的福，我们日本亲子学习协会学生数量逐年增加。而且包括海外在内，协会已经有240多名教员了。

那么，激发男孩动力的方法到底是什么呢？

答案就是以下3点。

1. 了解男孩的天性。
2. 了解如何寓学于乐。

3. 如何立规矩。

关于"了解男孩的天性"

妈妈们在面对男孩时，不自觉地会将他们当女孩一样对待。这正是教育不好男孩的原因之一。在本书开头部分我也提到过，用对待女孩的方法对待男孩是行不通的。在能够正确理解被称为"外星人"的男孩子这一习性的前提下，再在沟通方式上下一些功夫，你就会惊讶地发现，与他们相处变得无比顺畅。我会在前两章介绍不同类型男孩子的特点。

关于"了解如何寓学于乐"

能让男孩子开心的方法非常简单，即"借助道具、做无用功、灵活运用自己喜欢的事物"这三项。可以说，能否做到这三项，男孩呈现出的反应会截然不同。具体怎么做，我会在第三章介绍。

关于"如何立规矩"

这是母子间的约定。大家都知道，小学低年级的孩子不具备"懂得最基本的礼貌""有时间观念"这种社会人理应具备的能力和习惯。

不过养孩子的目的是什么呢？可能每个家庭有所不同，但是有一点一定是共通的，那就是将孩子培养成一个自立的人。能在早期就具备以上能力和习惯的孩子，进入社会以后一定能大放异彩。

通过玩耍与学习立规矩，可以培养孩子基本的能力。第四章主要介绍这部分内容。现在我已经把关键点告诉各位，接下来我将在本书中介绍这三个方法。

我自己的养育之路并不轻松，跟很多职场妈妈一样，既要做好工作还要管教孩子，深刻理解各位妈妈的辛劳。为此，本书只介绍即使繁忙也可立刻尝试的方法。如果能为各位妈妈减少哪怕一点点焦虑情绪，让育儿变得愉悦起来，就算是小有功德。

小室尚子

目录
CONTENTS

每天都是战争！父母应该知道的关于男孩的真相

男孩的特性 / 002

精力充沛是男孩的标配 / 005

妹妹看起来比哥哥听话 / 007

让家长忧心的"悠哉模式" / 009

对自己感兴趣的事会沉浸其中 / 012

探索心是孩子的内驱力 / 016

妈妈改变孩子也会改变！请这样看待男孩的行为

爱玩游戏——让他边玩边学 / 020

沉迷爱好不能自拔——寓教于乐、一石二鸟 / 023

对家长不了解的事物感兴趣——让他尽情学 / 026

学习的时候开小差——发呆是培养深入思考的良机 / 030

孩子喜欢说话——将学习元素融入对话 / 033

孩子学习能力不强——孩子的差距是父母的差距 / 036

孩子的有些行为真让人头疼——想象孩子以后的样子 / 040

孩子摔倒后哭了——不要过早地发出帮助信号 / 043

表扬也没反应——试试使用"I Message" / 047

找到好方法,孩子学习力倍增

在家的学习时长等于"年级×20分钟" / 052

养成学习习惯后再给孩子独立房间 / 056

即使不会写平假名也可以上小学 / 058

如何学好语文

必要的汉字练习 / 062

通过查询一些搞笑的词语,消除对语言的抵触 / 064

阅读理解能力会从小学高年级开始瞬间提升 / 068

"提问＋禁用词"就能写出充满个性的文章 / 071

如何学好数学

用游戏来提升计算能力 / 076

计算的关键在于"熟记" / 079

如何学好其他学科

用动物的"便便"引发兴趣 / 082

巧妙利用餐桌上的对话 / 085

用地图和普乐路路快乐学习 / 088

从2岁开始学英语完全可以 / 091

第七章
学习态度发生惊人变化！教育男孩的窍门

"奖励"+"时间分段"=主动学习 / 096

利用好游戏这一砝码 / 098

为避免孩子成为"网瘾儿童"，家长可以做好预设 / 101

对待成人网站的正确方法 / 104

育儿和足球赛一样，犯规就要当场惩罚 / 107

不必强迫孩子帮忙 / 111

父母要分别唱好"红脸"和"白脸" / 115

"当时当场"是批评男孩的铁则 / 118

发生争执后要向女孩询问事情原委 / 120

恰当的提问有助于培养孩子的表达力 / 123

何为育儿的终点 / 125

焦躁变为顿悟！面向妈妈烦恼的问与答

问：总是不自觉地把所有事都替孩子做好，怎么办？ / 128

问：我家孩子成天丢三落四，如何改正呢？ / 130

问：孩子经常假哭、装病，这该如何是好…… / 132

问：如何培养孩子的思考能力？ / 134

问：不知道我家孩子有什么天赋，应该如何发掘呢？ / 136

问：该不该让孩子参加小升初考试？ / 138

140

本书以笔者辅导男孩的经验为基础写就。书中内容以出现较多的实例为依据,但每个孩子的成长情况各异,并不一定适用于所有孩子。

本书是写给家长的读物。本来应用"父母"来称呼读者,但我至今为止接触的家长9成以上都是妈妈,因此用"妈妈"来称呼。请事先予以了解。

第一章

每天都是战争！父母应该知道的关于男孩的真相

男孩的特性

"完全想不明白他为什么要这么做!"

"他姐姐明明就很听话啊!"

我在与家有男孩的妈妈们聊天时,经常可以听到类似的声音。

男孩就好比是"三不猴"。

他们"不看、不听、不言",同时还具备"健忘"这一特征,妈妈的辛苦可想而知。

忘记作业是家常便饭。就算能记起来,也不是把讲义、笔记本等落在学校,就是忘记把作业带到学校,有时甚至带了作业却忘记上交……妈妈们的烦心事层出不穷。

有的妈妈可能会担心:"这么健忘真的不要紧吗?"请放心。

男孩这种生物向来如此。

男孩的健忘没有恶意

对于男孩而言，最重要的就是自我评价。即"做这件事自己是否觉得快乐"。因此，"别人怎么看"这种他人评价对他们来说无关痛痒。

所以他们对不感兴趣的事情一概记不住，就算记住了也会马上忘掉。就算被老师训斥，被朋友嘲笑，他们也完全不在意。需要说明的是，男孩的这种不在意其实是完全没有恶意的。

另一方面，女孩子则会在意周遭的目光（他人评价），会觉得"要是丢东西的话可能会在大家面前被批评，很丢脸，所以尽量不要丢东西"。所以就算她们判断这件事不想做，一般也不会采取"不做""忘记"的行为。这是男孩与女孩在思维方式上的极大差别。

男孩简直就是外星人

在我经营了十年的补习班里，有这样几种男孩。

有的是每天都在书包里放一把折叠伞，可一到下雨天就说"我没带伞"，然后浑身湿淋淋地在雨中奔跑。有的是明明把作业带来了，但是以为自己没带，于是交不上作业。有的是在我批评他的时候，开始幻想自己喜欢的东西，然后连正在挨批这件事都不记得……种种例子不胜枚举。男孩的妈妈是不是每天都在不停唠叨呢？

这当中有的妈妈会觉得："不管说多少遍都不明白，难道是听不懂吗？""我们家孩子是不是有点儿怪？"

没错。男孩其实就是外星人，妈妈的常识拿到他们那儿根本不管用。每天都要面对意料之外的事件，妈妈们一定惊恐与失望并存。但只要了解了男孩的特点，便会觉得见怪不怪，心情也就会随之轻松起来。

小结

> 男孩子是外星人！看清楚，迄今为止的常识都没用，果断地做出判断吧！

精力充沛是男孩的标配

如果用动物来比喻的话，男孩子的性格就如同一只淘气的"小狗"。

一天到晚动来动去，只有吃饭睡觉的时候能歇一会儿。由于实在太不老实，所以想抱都抱不着，而且压根儿就不让碰。是不是有很多妈妈为了给男孩穿衣服，一边拼命地追逐他们，一边擦拭着满头的汗水呢？

但有时，他们又呈现出一副"求亲亲、求抱抱"的模样，一个劲儿地黏着妈妈。就像小狗喜欢"汪汪"叫一样，男孩会滔滔不绝地讲述他们喜欢的电车和超人。他们越讲越起劲，兴致一高涨，声音就会不自觉地变大，或者突然提高音量。就算提醒他们"安静一下"，他们最多也就坚持3分钟。他们一旦看到感兴趣的东西，就不可能保持安静。

男孩子甚至不惜牺牲去厕所的时间用来玩耍。很多男孩上课的时候突然想去厕所，正是这个原因。一旦玩性大发，就能憋到最后一刻，这说不准还是一种才能呢！

男孩的精力非常充沛，就算安静下来最多也只能持续三分钟！

妹妹看起来比哥哥听话

如果说，投入一件事后就进入忘我境界是男孩的天性，那么女孩在某种意义上来说则非常成熟，用动物来比喻的话就是"兔子"。

兔子这种动物只有在必要的时候才会行动。

对于小兔子般乖巧的女孩，在给她们穿衣服时，只要告诉她们："这件衣服好可爱，挺适合你的，不是吗？"她们就会主动穿上。就算有时有点儿吵闹，只要对她们说"稍微安静一会儿哦"，她们就能保持10~15分钟不说话。她们还能在规定时间内上厕所。就算玩得过于投入，只要跟她们讲"接下来就不能中途去厕所了哦"，她们就会联想到"如果尿裤子就丢死人了"，从而听令行动。

即使年纪相仿,男孩和女孩的行为模式也大相径庭。

男孩好动,并不是因为家教不好,也不是因为孩子哪里有问题,而是因为他们有着与淘气狗狗一样的天性。

妈妈们总喜欢按照自己的成长轨迹去教育男孩,但总是进展不顺。这其实和小狗无法成为兔子是一样的道理,教育女孩的方法并不适用于男孩。

有异性子女(兄妹或姐弟)的妈妈可能会因为男女有别而觉察到反差,因而疑惑:"为什么妹妹比哥哥听话?"这种时候就要想一想这个"狗和兔子"的比喻。男孩与女孩的生物习性本来就不同。如果事先明白这一差异,妈妈就会立刻认识到男孩"这么吵吵闹闹也是正常的"。

拿男孩和女孩类比毫无意义,打交道时请认清他们是不同物种这一事实。

让家长忧心的"悠哉模式"

"我家孩子不管做什么都慢半拍,真让人担心……""感觉他总也长不大,难道没问题吗……"即使明白男孩与女孩不一样这个道理,许多妈妈看到孩子的"悠哉模式",仍然会把心悬起来。

这种时候请您这么想:从成长速度来说,男孩本来就比女孩"小两岁"。

就算是学龄前儿童,女孩的心理年龄也要高于男孩。不管是沉着程度、注意力,还是协调性,女孩都要优于男孩。如果说女孩在22岁能够独立,那么男孩到了24岁才能独立。

所以说，如果男孩处在幼儿或者小学1~2年级时期，家长觉得他多少有点儿幼稚，其实大可不必担心。男孩在上初中后会开始嫌弃家长，这便是他们开始独立的标志。也就是说，男孩的幼稚要等到上初中后才会逐渐减退。

感知滞后

有一次，一位男孩妈妈说："我家哥哥都已经是初中生了，依然相信这世上有圣诞老人，很可爱吧。"听完这话，我险些晕倒。

这就好像女孩子执着于等待白马王子一样，一不留神就容易酿成大错。

女孩子通常早早就会发觉圣诞老人其实并不存在。她们会从妈妈们的谈话、百货商店的礼物包装纸等方面发现蛛丝马迹。而在这点上，男孩缺少"感知"这根弦，不会察言观色。他们只有在上初中后才能慢慢拥有这一能力。

在那之前，请各位家长教给他们什么叫作"社会视角"——圣诞老人的存在最多可以信到小学低年级。

小结

不用担心小学1~2年级的男孩长不大,这种幼稚到了初中便会消失。

对自己感兴趣的事会沉浸其中

看到这里,您也许会觉得男孩身上简直没有一丁点儿闪光点,其实并非如此。男孩子身上有一种特质——对于自己感兴趣的事儿会完全沉浸其中。

他也许会一个劲儿地翻阅昆虫图鉴里面的独角仙[①],或者连续好几个小时待在沙坑挖洞,亦或是沉溺在积木游戏中,叫他名字也没有反应……您是否曾见到过孩子的这些行为呢?

明明从来也不听你说话,可一旦谈到了他喜欢的话题,他却

[①] 独角仙,昆虫,又名双叉犀金龟。雄性成虫的头部长有一支两边对称、双分叉的巨型犄角。主要分布在中国华中、华南、台湾地区,日本、泰国及朝鲜半岛等地,属于常见品种,是最具代表性的兜虫之一。

突然进入状态！这种专注力可真是不得了。不过，能让他们专注的事儿基本上跟学习没什么关系。这时就会有很多妈妈担心起来，认为："这孩子成天不务正业，以后可怎么办啊？"

其实您大可放心。因为能够为某事而达到忘我的境界是种了不起的才能。

孩子热衷的对象不一定非得是学习或者运动。喜欢收集掉落在路边的石头和树枝，对孩子来说也是很重要的事儿。另外，即使中途改变热衷对象，也未尝不可。

重要的是，当被问起"你喜欢什么？"时，他能够大大方方地回答："我现在喜欢这个。"

有时，你问孩子："你喜欢什么东西？""做什么能让你最开心？"他却回答道："没什么。"这就比较遗憾了。

不知道自己想做什么、喜欢什么的孩子，到了小学高年级以后成绩容易停滞不前。这是我常年从事教育行业得出的结论。而且当遇到一些不顺心的事儿时，他们同样无法靠自己找出解决方案。不仅如此，他们甚至还会怪罪于家长、学校、社会，把自己择得干干净净，陷入自己是被害者的意识当中。

有时会遇到孩子不想上学，无所事事，对一切都不感兴趣的情况，其实，大部分孩子会沉溺于游戏或者网络世界，悠哉地打发时间。如果能就此找到出路倒也是好事，可绝大多数孩子都会玩物丧志。

那么，如果孩子有了学习以外的爱好，我们该怎么办？

学会守候孩子的选择

父母要尊重孩子的爱好兴趣，即使孩子的这种兴趣爱好可能与父母的期望有差别，但只要是正当的爱好，父母就应该予以尊重和保护。孩子在做自己喜欢的事情时，他们的创造力和潜力才有可能得到充分的发挥，专注、认真、持之以恒的习惯和意志品质也可以得到锻炼，这有利于其成长。家长首先要尊重孩子的意愿，并给予孩子精神上的支持。

通常，孩子会为自己的意愿全身心地投入，并且在学习的过程中享受进步，甚至享受困难、压力和挑战，以及战胜困难的过程，从而在精神上感到满足和快乐。

即使不上学，他还可以选择成为糕点师，可以去歌舞技能培训班，这样就能做出下一步的人生选择。如果喜欢铁路，那就参加铁路爱好者的同好会，或者开个和铁路相关的博客，总之为了进入下一阶段，孩子自己会有所行动。

这种自主的想法并非到了一定年纪就会突然出现，而是从小有过热衷于某事的体验之后逐步形成的。

因此,就算您家孩子成天收集西瓜虫,也请您当作"他正在为寻找将来的出路进行'预热'",温暖地守候他吧。

"只要是我感兴趣的事儿,妈妈都会让我放手去做。"幼时起便有这种经历的孩子,他们对于自己真正喜欢的东西、想做的事儿会毫不犹豫地说出口。这种惯性在未来会不断沿袭,孩子会产生"我想从事这样的工作"的愿望,并且为了实现愿望而付诸行动。

> **小结**
>
> 拥有热衷的事物是种才能,请温暖地守候这种关乎孩子未来的行为。

探索心是孩子的内驱力

刚刚讲到，如果孩子能够拥有热爱的事，便能成为有主见的人。其实在这个过程当中，如果能激发他们的探索心，便有可能培养出一个学习成绩优异的孩子。

男孩子也许不怎么爱练习默写汉字或者数学，但对于感兴趣的事儿，他们会坚持到底。我们要巧妙地利用这一特质。

我女儿上小学时曾经上过一个理科实验补习班，在那里发生了一件令我很吃惊的事。有几个男孩每次都会特意把家里厚重的图鉴带到补习班，而图鉴内容竟然是面向成年人的矿物、地层等。同龄的女孩子绝对不会选择这类书，男孩子却会把这种图鉴带过来，饶有兴趣地阅读。

把男孩子的探索能力引导到学习中

如以上所介绍,男孩一旦热衷于什么事就会沉浸其中。

如果你跟男孩说"其实石头和沙子是一样的哦",他立刻就会问:"为什么?"当你做出解释后,如果是女孩,她听着听着就理解了,于是不再深究。但男孩多数情况下会想"把石头弄碎以后真的会变成沙子吗?我来试试看",然后付诸行动。

男孩这种"真的是这样吗?我来试试看"的行动力,我称之为"探索心"。男孩有时会把虫子翻过来翻过去仔细观察个遍,把玩具电车、小汽车拆解得零零碎碎,骑自行车骑到找不回家,只为确认前方有什么……这些都是出于强烈的自我尝试欲。不过有时,他们会做出一些妈妈们意想不到的事儿,所以妈妈们难免会为他们捏把汗。但其实这些行为才让男孩子茁壮成长。

当然,女孩子也有探索心。只不过当她们想到"试试看把石头砸碎后能不能变沙子"后,又会有诸多顾虑,比如"要是我跟妈妈说想砸碎石头,会不会被她制止""要是受伤了可怎么办"等,所以很难付诸行动。而男孩子内心只有一个想法——"怎么才能砸碎",所以会立即付诸行动。

这份专注一定会运用在学习上。

如果您家孩子说"想试试",只要不是危险行为,就请一定支持他们。

这种行为日积月累便成就了爱学习的品质。

> 要想培养出爱学习的孩子,唯一的捷径就是支持孩子的"想试试"。

第二章

妈妈改变孩子也会改变！请这样看待男孩的行为

爱玩游戏——让他边玩边学

我在第一章介绍过一些女孩身上少有的男孩特征。在第二章将介绍的是,妈妈了解这些特征之后依然感到伤脑筋的行为。相信很多家长被孩子们异想天开的行为折磨得苦不堪言,其实只要换个角度,就能让孩子们展现出惊人的才能。

您家孩子一般是什么状态?

是不是非常调皮,完全没心思学习?一定有不少妈妈看到孩子诸如此类的表现,会忍不住骂他几句……大家一定想知道有什么好的方法能让孩子主动学习。

三步学习法

孩子都喜欢游戏,所以,就让我们把学习与"玩游戏""定规则""提问题"这三项合一并循环往复,这样一来,您家孩子就会由被动学习变主动学习。

先拿学语文举个例子。

1. 玩游戏

学语文的时候可以让孩子玩个汉字游戏。假如孩子名字里带单人旁,那就可以用这种方式告诉他:"你的名字里有单人旁,我们谁先在报纸里找到5个带单人旁的汉字谁就赢。"

2. 定规则

如果将计分制导入游戏,或者跟他比赛速度,孩子就会变得充满斗志。而且,孩子只要从中感受到一次乐趣,之后就会自己提出:"我还想再来一次!"

3. 提问题

在玩游戏之前可以问孩子:"单人旁为什么叫单人旁呢?"孩子的回答是否正确完全无所谓,重要的是"一起思考"这一行为。在反复提出"为什么"的过程中,孩子对汉字的兴趣会愈加浓厚。就算答案离谱,也不要否定孩子。

如果这时候,您的孩子说出类似"是不是因为是忍者①使用的,所以叫单人旁?"这种离谱的回答,也不要立刻否定,而先要说"原来你是这么想的啊",与他产生共鸣,之后再问他:"还能想到其他理由吗?"

或者对他说:"是啊,为什么叫单人旁呢?下次妈妈查一查。"查到答案后,再当着孩子的面告诉他查询结果:"原来是由'人'这个汉字转变来的,所以才叫单人旁。"这样一来,孩子会在玩游戏时自然而然地重复以下过程:查询搞不清楚的事儿——将查出来的知识点告诉妈妈。这种重复行为,不久后就会让孩子觉得"学习(了解不知道的事)"是令人快乐的事儿。

小结

带着问题和孩子一起去查询,会让孩子觉得学习是快乐的。

---

① 忍者,日语发音是ninja,单人旁的日语发音是ninben,"nin"的部分发音相同。

沉迷爱好不能自拔——寓教于乐、一石二鸟

很多孩子都喜欢收集卡片,整日沉迷其中。如果孩子的兴趣所在已经明确,不妨利用这一点让孩子爱上学习。

比如,孩子如果喜欢独角仙,那就与他一同翻开图鉴,一起查阅日本独角仙和世界其他地方的独角仙在身体构造上的不同、生长环境的差异等。准备好世界地图,看看不同独角仙所在的国家也很有趣。对照着色彩丰富的国旗,哪怕只是看看也会趣味十足。

如果孩子喜欢宝可梦[1],那就把话题引向角色,有助于激发

---

[1] 宝可梦:日本任天堂游戏公司开发的游戏及动画作品中的生物。曾译名:口袋妖怪、神奇宝贝、宠物小精灵。

孩子的兴趣。比如可以试着和孩子说："皮卡丘会使用雷击，而雷在过去被认为是'神明发出的声音'，所以才被称为'雷[①]'的哦。"或者说："听说国外也在播宝可梦的动画。不知道你喜欢的皮卡丘在国外是不是也叫这个名字，一起查查吧。"从而展开话题。

这样就会不知不觉地打开通向新世界的学习大门，孩子也能自己主动查阅各种资料。因为由自己感兴趣的事物展开的学习其乐无穷。

对于孩子感兴趣的事儿，妈妈能不能跟他一起查询至关重要。"那这个又是怎么回事呢？也一起查查吧！"如果妈妈能像这样给孩子以支持，那么学习的大门将会越敞越开。

不是只有坐在书桌前才叫学习，查询也是学习，查阅这一行为本身就与学习息息相关。

对喜欢的事物探究到底，孩子会急速成长

当孩子能够自主查询问题时，妈妈总会很高兴，于是开始得意忘形地盘算："既然已经成功地让他对汉字部首感兴趣了，接下来

[①] 雷：日语"雷"的发音与"神发出的声音"相同。

让他背英语吧!"

这时,我通常会出面制止,对妈妈说:"快住手!"

我非常理解这种心情,但这其实只是妈妈们的愿望。特别是男孩子,比起让他同时学习数项技能,不如让他深入钻研自己感兴趣的事儿。随着他在该领域的知识不断丰富,理解能力也会迅速增长。如果孩子能做到在某个领域比谁都擅长,那么他长大以后就更容易取得突出成绩。

请各位妈妈务必让孩子接触他感兴趣的事,引导孩子寓教于乐地学习。

当孩子习惯了学习就跟玩耍一样,孩子和妈妈都会自然感受到学习如此快乐!

"边玩边学"这种思维能自然转变为"学习真快乐"!

对家长不了解的事物感兴趣——让他尽情学

昆虫、电车、星座、机器人……孩子们的爱好多种多样。有时，他们也许还会对妈妈都不了解、甚至完全没听说过的领域饶有兴趣。

然而，妈妈总想把周围流行的东西、周围人都做的事强加在孩子身上，又或是说出类似"星座是四年级孩子学的东西"这样的言论，强行让孩子学别的东西。

毋庸置疑，阻止孩子的爱好是极其荒谬的。请让孩子尽情地学他喜欢的东西。

如果孩子读小学一年级并且擅长数学，那就让他挑战一下二年级的数学吧。虽然孩子还是幼儿，但如果他英语学得好，那就让他参加一下英语水平考试。有的妈妈面对自己不擅长的科目,会采取敬而远之的态度,其实大可不必。孩子不会被妈妈的担心束手束脚,他们会不断自主地汲取养分。

在我的补习班里,很多幼儿拥有英语资格考试3级证书,有的孩子甚至拥有准2级资格证。如果家长霸道地认为"孩子还小,没必要参加英语资格考试",那么孩子难得萌生出的欲求就会被践踏。学习能力正是在兴趣迸发时培养出来的。只有让孩子尽情地去学,孩子的能力才能得到培养。

"样样通"等于"样样松"

刚才谈到让孩子尽情地学他喜欢的东西,这一做法同样适用于高考。妈妈可能会希望孩子不偏不倚地掌握5门科目,事实上,只要他拥有2门擅长科目,便足以考入大学。

我的女儿以前擅长英语和生物,数学成绩较差,可她还是考上了偏差值[①]60以上的大学。在我的补习班里,有的学生理科成绩不佳,但他们都考上了著名学府。所以完全没必要非让孩子擅长所有

[①] 偏差值,是指相对平均值的偏差数值,是日本人对于学生智能、学力的一项计算公式值。偏差值=50+10×(个人成绩—平均值)/标准差,通常以50为平均值,100为最高值,25为最低值。

科目。

我认为,"样样通"就会导致"样样松"。这是我经营补习班10年来的切身感受。有的人英语特别好,数学完全不行,其实那样反倒有机会在将来展露过人的才能。

如果用抓手绢来比喻的话,妈妈会抓住手绢中心位置,然后将四个角同时向上提。可如果只抓住其中一个角的话,也是可以拎起整个手绢的。只要提得够高,总有把四个角都提上去的时候。这就是"底部提升"和"顶部提升"的区别。

"底部提升"是提升薄弱环节,而"顶部提升"是抓住擅长的领域不放手。我想给大家推荐的是后者——"顶部提升"。

一旦有了擅长领域,被表扬的机会就会增多。孩子得到表扬,就会探究更多、记住更多,好奇心的种子便逐渐萌芽。这样一来,孩子就会慢慢变得自信,任何事情都能够积极面对。

因此,一定要发展孩子的兴趣和特长。

即使是妈妈不擅长的领域,或者是在学校还没教到的知识,只要让孩子学习他喜欢的东西,孩子日后就会自然而然地成为该领域的专家。这份经历有助于孩子积极面对今后的人生。注意一定不要被条条框框绑架,勉强孩子去学习某些特定的东西。

> **小结**
>
> 学习喜欢的东西与年龄无关,让孩子尽情学习自己喜欢的东西。

学习的时候开小差——发呆是培养深入思考的良机

如果你观察过男孩做作业的样子,你就会发现,他们开小差的次数着实有点儿多。

他们对与原本目的相去甚远的东西颇感兴趣,比如默写汉字的时候却被练习册上画的西瓜插图吸引,开始给西瓜填色等等。这样作业肯定做不完。虽然你想让孩子尽可能地做自己喜欢的事,可如果连写作业这种最基本的事情都无法完成的话,那也太叫人伤脑筋了。

殊不知,这种"开小差"正是增强孩子学习能力的机会,一边开小差一边学习才刚刚好。

如果孩子被西瓜的插图吸引,那我们可以问他"西瓜一般几月份成熟""西瓜是蔬菜还是水果"等问题,考虑是否能与学习结合在一起。

顺藤摸瓜

要是您觉得"有那时间不如让孩子赶紧把作业写了。我还得准备晚饭呢……",我也完全可以理解。但只是查一下就好,花不了太长时间。

经过上网查询,知道了西瓜的当季是8月,但是离晚饭还有20分钟,那就查到这里,和孩子建议"这样你就知道了吧,西瓜8月份的时候最好吃。行了,赶紧加油做作业然后吃晚饭吧",这样孩子就会努力按时完成作业的。

如果家长这时候说"别干没用的事儿,快点儿做(作业)",孩子就不能自由地开小差了。这样就会导致孩子的求知欲受阻,难得的学习机会也白白浪费了。

开小差还能培养孩子的创造性思维。能够深入思考的孩子,想象力丰富,脑袋里有着各种各样的点子。只是一味按要求做的孩子,想象力贫乏,很难适应今后的时代。

话虽如此,妈妈们也都很忙,没那么多闲工夫专门培养孩子的创造性思维。因此,妈妈们需要有效利用每天的空闲时间来帮助孩子。巧妙利用孩子做作业的时间，让他进行思考练习，之后会获益无穷。

孩子在查询西瓜的时候，搞不好又会对昆虫感兴趣。当他开始查询虫子的信息时，也许会把目光锁定在日本乃至世界的气候上，于是他开始查询气候变暖问题，最后会对濒危物种产生兴趣。

开小差是吸收众多知识，再将知识转化为学习能力的机会。

您需要把开小差看作孩子学习的潜在因素，一定要留给他。

小结

"开小差"才是掌握知识的机会，将开小差与学习结合，培养孩子的兴趣爱好。

孩子喜欢说话——将学习元素融入对话

"你说的我都明白,但是很难留出足够的时间……"如果您也这么想,那么只要在平时的对话中稍微动点儿脑筋,孩子就会自己主动学习。按此方法,您可以不必特意挤出时间陪孩子做作业。而且每天只要5分钟,就会有显著的效果。

重点在于,同样也要将学习元素融入孩子喜欢的事物里。仅此而已。

让日常对话充满智慧

假设您的孩子喜欢奥特曼,奥特曼的身高为40米。以这点为前提,与孩子进行以下对话:

"奥特曼有10层楼那么高哦！"

"如果把52个你连在一起，那就跟奥特曼一样高了。"

"据说奥特曼的体重有3万5千吨呢。我们一起查查3万5千吨大概是多重吧？"

或者您家孩子是个喜欢捡木棍的男孩，那么就请这样同他讲：

"你说这根棍子大概有多长啊？"

"这根棍子大概多重呢？"

"要摆几根这样的棍子才能跟你的身高一样呢？"

"你的体重相当于多少根这样的棍子重呢？"

像这样，只要在对话里稍微加点儿学习元素，日常的普通对话就会摇身一变成为数学课堂！当孩子对"长度"和"重量"，以及"单位"这些名词变得熟悉起来后，就会积极主动地进行学习。

家长最好在对话结束后和孩子一起查，如果没有时间，那就在孩子自己查了以后称赞他说："你连这个都查了啊！真棒！"这样一来，孩子就会自己主动去查这查那了。

时事素材也可用

当孩子升入高年级，我们也可以将时事素材融入对话。

"东京将要举办奥运会了，你说到时候会是什么样呢？"

"现在便利店和餐厅都有很多外国店员对吧。你觉得这是为什么呢？"

对这种对话习以为常的孩子，到了考初中的时候，一定能够在思维测试题上发挥实力。

您可能会怀疑：这样就行了吗？没问题。妈妈不是老师，大可不必觉得一定要教会孩子什么。请记住，妈妈真正的使命是教给孩子学习的乐趣。

知识可以在学校和补习班获取。只不过，学校需要迁就大部分学生的实际情况来教学，因此难免会有一些学生觉得课程无聊。

而在家里，家长可以根据孩子的兴趣和理解程度进行对话。妈妈可以创造孩子对学习产生兴趣的契机。

当孩子自己感受到了学习的乐趣，他便会主动去学。激发孩子的兴趣，我认为这才是妈妈应该做的。

小结

将学习元素融入孩子喜欢的事物里，孩子的兴趣范围会变得更宽广。

孩子学习能力不强——孩子的差距是父母的差距

读到这里,相信聪明的妈妈已经察觉到了,学习能力的差距并非由孩子自身能力决定的,其实是由父母的能力决定的。父母的能力并不是指父母聪不聪明,而是指父母是否对学习感兴趣。可能有的妈妈觉得"学习啊……不怎么感兴趣"或者"我实在太忙了,哪有时间对学习感兴趣"。

在这里,我向各位提问:喜欢学习的妈妈有什么共同点?

答案是,她们会看孩子的课本。

就这一点而已。用不着妈妈去解读,就只是看而已。

仅仅是这点不同而已,与孩子一起看课本的妈妈培养的孩子,和不看课本的妈妈培养的孩子,谁的学习能力强?答案是前者压倒性地获胜。

当孩子把新学期的课本拿回家后，大部分妈妈不会想到去看一看。非常遗憾，有这样的妈妈，孩子的学习能力不会提升。因为这就等同于妈妈在告诉孩子："我对学习不感兴趣。"

这样的妈妈突然有一天买本书回家，告诉孩子看书，孩子也不太可能照办。让孩子读书前，妈妈需要对孩子正在学习的知识点产生兴趣。在给孩子灌输某种观念之前，身教更为重要。

具有魔法的三个字

妈妈倒也不必像打了鸡血般一定要按照教科书来教孩子。妈妈对某些科目不擅长是理所当然的。我只需要您说这一句话："教教我。"

作为妈妈，您只要跟孩子说："你们现在学这些东西啊，和妈妈那个时候不一样呢！"就足以传递出您对学习的兴趣。或者说："妈妈也想知道，教教我吧！"也同样有效。

孩子说"这个汉字我学过"时，妈妈要回答："是吗？我不知道这个字的笔顺，教教我！"

当孩子学了新的计算方法，或者物种的名称，还请您和他说："这个我不知道呢。妈妈也想学学。"

比起当学生，小孩子当老师的欲望更加强烈。我们要做的就是刺激他们这一点。

这与妈妈本身学习好坏、知识多少毫无关系。更重要的是，让孩子看到妈妈求知若渴的一面，没有比这更能激励孩子的了。

父母是孩子的镜子

妈妈的想法也可以用别的形式传达给孩子，那就是让孩子看到她沉迷于某事的样子。孩子们比我们想象的还要关注父母的行为。在说英语的家庭里，孩子自然会说英语；在充满音乐氛围的家庭长大，孩子也会演奏乐器。

也就说是，如果想让孩子学习，最快捷的方法就是妈妈也学习。

妈妈想让孩子学习，自己却每天只看娱乐新闻、电视剧……这样，孩子是不可能养成爱学习的习惯的。

喜欢做饭、看体育比赛的家长，他们的孩子通常也喜欢这些东西。同样，若想让孩子好好学习，首先身为家长的你必须也热爱学习。

这不是让家长从现在开始就弄一堆练习册、参考书来答题，而是要家长认真研究。仅仅做到这一点，就可以将某些信息传递给孩子。

如果您现在在邮局负责邮件分类工作，那就考虑一下如何分类才能最高效。如果您负责事务性工作，那么就想想怎样才能尽快做出对大家有用的资料。虽然现在还没付诸行动，但如果想把家里的东西卖了换点儿零用钱，那就在网上多查查怎么做才能卖出高价。诸如此类的细微努力都是可以的。

当看到妈妈努力思量、勇于创新的样子，孩子也会感知到那份能量。

重要的是，让孩子愿意听你的话。不是说家长必须当官、赚钱才能让孩子听话，而是要反思你让孩子做的事，自己有没有做到。如果自己都没做到，又怎么能说服孩子去做呢？在面对孩子时，请务必将这点铭记于心。

小结

告诉孩子："妈妈也想学学，教教我？"让孩子看到你求知若渴的一面。

孩子的有些行为真让人头疼——想象孩子以后的样子

"我已经明白了,要把孩子的兴趣所在与学习相结合。可我家孩子连生活习惯都令人担忧……"相信很多妈妈都有这种烦恼。

"他居然想穿睡衣上学……"

"总是剩饭……"

"衣服总穿反……"

"袜子老是穿错左右……"

男孩子有许许多多让人难以理解的行为,难怪妈妈们为此头疼不已。这时,家长会给孩子行为正确与否下定论,然后批评他们。

当犹豫要不要批评孩子的时候,我会想象孩子步入社会后的样子。这时我就会想"再怎么说,到那个时候应该不会犯这种错误了吧"。这样，我的急躁情绪就会烟消云散。

我们一起想象一下。步入社会第一年的男性身上是否会存在我开头提到的那些行为呢？恐怕谁都不会那样吧。

上大学以后，在"挂科"这一危机感的驱使下，他肯定会按时提交作业；到了一定年龄，若被心仪的女性指出吃相不雅，他也必定会急忙改正。所以就算现在不去纠正，等他长大了也自然会注意到。当然，原则性问题除外。

家长的任务是鼓励孩子

有的妈妈会对孩子的作业给出详细的指点。

"字写得太丑了！"

"字不是应该写在方格里面吗？"

这不过是家长一厢情愿地认为字一定要写得漂亮，并且一定要写在方格内，随后再将这种思想强加在孩子身上。

家长要做的是，面对孩子的努力，告诉他："挺厉害的嘛！你真的很用功！"

当然，如果孩子快被车撞到，或者想从二楼跳下来……这类危险的行为还是要制止的。但是，如果没有生命危险和原则性问题，就没必要去评判事情好坏。孩子在步入社会后一定会克服那些问题。相信你的孩子,基本上只需静静地守护他,这样育儿会瞬间变轻松。

 **小结**

不要过度关注细节,孩子步入社会后,一定会改掉问题,所以请温暖地守护他。

孩子摔倒后哭了——不要过早地发出帮助信号

如果孩子哭了，你会怎么办？

家长的应对方法有很多，可如果想让孩子更加自立，那么就要故意什么都不做。

比如孩子摔倒以后哭了起来，这时怎么做才能让孩子更加自立呢？

首先与他共情，对他说："摔倒了很疼吧。"然后问他："你想怎么做呢？"让他自我思考，这点尤为重要。如果他说"要抱抱"，那就抱住他；如果他说"给我贴创可贴"，那就给他贴，仅此而已。

故意无所作为

家长最应该避免的是，在孩子表达诉求之前就替他把所有事情都做了。这种行为看似体贴，可过早的帮助却剥夺了孩子靠自己振作起来的契机。不能自我振作的孩子以后会吃苦头的。当他们受挫时，就会怪罪于他人。

如果孩子总说这样的话该怎么办：

"我妈没给我准备好，所以忘带了。"

"就怪我妈非得让我考这所学校，这不没考上嘛！"

"都因为妈妈在餐厅点了个难吃的咖喱，好好一顿饭都毁了。"

"因为妈妈没教我，所以考不好。"

与其这样，不如一开始就让孩子自己做选择。孩子一旦超过7岁，就请各位妈妈克制一下，不要过早地伸出援手。

现在，无法自己做决定的孩子越来越多。这不是因为孩子不能成事，而是因为他们没有自己做决定的习惯。从日常起，从小事起，让孩子练习自己做决定。

如果说到圣诞节礼物，孩子们马上就能确定自己想要什么。可面对每天穿什么衣服这样的日常琐事，他们往往决定不了——这样就没法培养孩子做决定的能力。尽量给孩子创造自己做决定的机会吧。

能自己做决定的孩子是强者

对一个孩子来说，人生最初的重大决断大概就是填写报考志愿。小升初考试在11~12岁，中考在14~15岁。如果能在这个年龄段之前让孩子养成自主做决定的习惯，那就颇为理想了。

在填写报考志愿前，如果家长从未让孩子做过任何决定，却突然对他说"自己决定考哪所学校"，他们绝对不可能做出任何决定。让孩子自己决定报考志愿的第一步，要从日常生活开始。

冬天孩子穿着单薄的衣服正要出门，你会怎么跟他说呢？是不是会不由地叮嘱他："外面多冷啊，穿件长袖再出门？"

与其这么说，不如对他讲："今天外面好像挺冷呢，怎么办呢？"让他从日常的小事养成自己做决定的习惯。

另外，孩子决定报考学校的动机也没那么重要。

"那个学校足球队很强，所以想去。"

"这个高中的校服很可爱，所以想去。"

什么理由都没问题。最重要的是让孩子在早期就能意识到"这个决定是自己做的"。只要做到这一点,就算以后遇到不如意,孩子也不会推卸责任。

 小结

自己做过决定的孩子不会推卸责任。

表扬也没反应——试试使用"I Message"

相信很多妈妈为了构建良好的亲子沟通关系，经常有意识地表扬孩子。

可是，我却经常接到这样的咨询："我家孩子，表扬他也没反应……"

明明是想表扬孩子的成果，进而希望他更加努力，可孩子没反应，家长也不知道如何继续。一定有很多妈妈不知道问题出在哪，有些束手无策。

大家请跟我一起回想一下，当时是怎么表扬孩子的呢？

"考了100分真厉害！"

"游泳又升了一个等级呢！"

是不是像这样，只表扬结果呢？

事实上，这种表扬会让孩子的心里不舒服，他们会认为"只有拿出成果才会得到表扬"。表扬反倒会成为一种压力，很多孩子因此渐渐放弃努力。

那么，到底应该怎么表扬呢？

表扬孩子原本的样子

关键是表扬孩子原本的样子。表扬孩子原本的样子就相当于对他的存在本身给予认可。这种表扬不断累积，孩子就能成为一个充满自信的人。

比如，可以从以下这些事开始表扬。

"（看到孩子穿的衣服）你很适合红色！"

"（早上，看到孩子刚起床的样子）发型睡得挺酷啊！"

不是光说一句"真厉害"就大功告成，而是具体地表扬孩子的外表，这样就越来越会夸。

当你学会表扬外表后，下一步，在表扬孩子原本的样子之后，向孩子传递你内心的想法："你穿红色真的很帅！妈妈好开心！"当话语中包含了妈妈的想法时，孩子就会受其影响。

"I Message"比"We Message"有效

这时候需要用"I Message"来传递想法。

"I Message"的主语是"我",表达的是妈妈本人的想法,而"We Message"指的是社会的看法。

比如,孩子眼睛上有眼屎,这时你如果对他说"你眼睛上有眼屎,大家会笑你的,多丢人啊",就意味着告诉他"你眼睛上有眼屎,(大家会觉得你不修边幅)多丢人啊"这一"We Message"。这样一来,每当你的孩子要做什么时,他的考量标准不是"自己想不想做",而是"做了这件事,大家会怎么看我"。于是孩子就变得缩手缩脚,毫无自信。

要将"I Message"养成一种习惯,告诉孩子"妈妈觉得有眼屎很不雅"这样就能将评价的主体变成妈妈本人。

接收到"I Message"的孩子会直接更正自己的不良行为,自我肯定意识也会增强。妈妈也会变得擅长发现孩子的闪光点。

其实大人之间也很难做到表扬彼此原本的样子。

"新发型很适合你呢""这件衣服跟你平时的风格不一样,很酷"——大人们也来一起夸夸彼此的外貌吧。

如果妈妈经常对孩子灌输消极的话语,那么在这样家庭长大的孩子通常嘴巴都很刻薄。若妈妈在平日里就能正确夸奖孩子,孩子就能够温柔地提醒他人,说话方式也让人心情愉悦。

之前在我班上有个女孩和朋友这样说道:

"你的鞋子刚才搁在外面了,我给你收起来了。"

"你刚刚东西掉了,我已经帮你放在桌子上了。"

她的妈妈在家里一定就这样跟她说话吧,真令人赞叹!

首先要夸奖孩子的外表,然后用"I Message"来传递想法。实践一下,你会发现你和孩子的关系会变得越来越好。

 小 结

夸奖外表+"I Message",培养孩子的自我肯定意识。

第三章

找到好方法，孩子学习力倍增

在家的学习时长等于"年级×20分钟"

到目前为止,我们介绍了男孩的特点及妈妈针对这些特点需要采取的行动。接下来将介绍的是,在前文的基础上,为了让孩子自主学习,妈妈需要做的关键点和不同科目的不同学习方法。

学习时间一定要分段

"在家让孩子学多长时间比较好?"

"是不是应该根据年级,改变孩子的学习时长?"

这时要是有一个大致的标准就好了。

基本上可以认为,在家的学习时长等于"年级×20分钟"。

也就是说,花在写作业上的时间,小学一年级就是20分钟,二年级就是"2×20分钟=40分钟"……六年级则是"6×20分钟=120分钟"。也就是需要面向书桌两小时。

如果不是兴趣所在，就算成人也很难保持两小时一直坐着不动。所以小学低年级的男孩妈妈一定会觉得不可思议，认为"这孩子不可能学习那么久的"。

这时，为培养孩子平日里的时间观念，请各位妈妈辅助孩子将做作业的时间分段。

注意力不能长时间集中就让他"动一动"

话虽如此，可男孩子的注意力是有限的。

你认为一个小学一年级学生的注意力最多能保持多久呢？

答案竟然是"3分钟"。正好是加入热水后，泡好泡面的时间。我们在第一章里多少也提到过这部分内容，孩子集中注意力的时间真是太短了。很遗憾，孩子们保持不了3分钟以上的注意力。时间越长，他们就越容易坐立不安，难以保持安静。

这里给大家准备了一个男孩专用法则：

"到了3分钟可以休息一会儿。"

"（默写汉字）写完一行就做个深蹲吧！"

"（默写汉字）写完一行就跳5次绳吧！"

像这样,每当注意力集中一会儿后,就让他们做做运动。融入运动,孩子的心情会愉悦,学习也会顺利。

这一法则也可以运用于扑克、歌留多①等游戏。

打扑克的时候,定好规矩,比如抓牌之前要做一次深蹲等,这样男孩子就会觉得打牌很有趣。让男孩子动起来,不用一直待在原地,这样他们就能不厌倦。

不过等孩子上了小学五六年级,难度就更大了。如果他们不能真正明白写作业到底有什么用,就不会老老实实去做。

请各位妈妈明白这一点,然后解释给孩子听。

如果和孩子说"做完作业就可以吃零食",这样他们就能乖乖听话了。

"注意力不能长时间集中是理所当然的",以这点为大前提,设定一个学习时间,定好规矩,妈妈就省心多了。请帮助孩子在规定时间内,快乐且高效地完成学习任务。

学习时间如果定在傍晚4~5点,那就不要轻易更改这个时间

---

① 歌留多:一种日本纸牌游戏,通常在正月玩。把和歌写在纸牌上。游戏者用的牌上只写有下句,听读牌的人读上句,找对应的纸牌。这里特指竞技歌留多。

段，这样有助于孩子养成特定的学习习惯。特别是小学低年级时，注意优先让孩子养成良好的学习习惯，尽可能不更改时间。

小结

必须将学习时间分段，低年级的孩子可以定期与运动结合。

养成学习习惯后再给孩子独立房间

近年来,也许是因为独生子女越来越多,孩子在自己房间学习的机会也随之增加。

不过我不主张给尚未养成学习习惯的孩子安排独立房间。因为在妈妈目不能及的地方,孩子搞不好会趁机玩游戏、上网,离学习越来越远。

在这里重申一下,小学低年级的男孩注意力不能长时间集中。在他养成好的学习习惯前,最好在客厅里学习。

保持恰当的距离

尚未参透学习乐趣的孩子突然主动学习,这是不太可能的。适当的紧张感有助于让他们更加专心。但是，孩子写作业的时候，家长一直盯着也不大合适。基本上，在孩子学习的时候，与他保持两米以上的距离，不要进入他的视野比较好。大人其实也一样，工作的时候要是有人在背后一直盯着你，那肯定也会不自在吧。

虽然妈妈和孩子有一定距离，并且做着自己的事，但却能够随时捕捉孩子的动态。这种距离下，孩子自然会集中精神好好学习。

而且当你定好固定的时间段让孩子写作业，就能同时培养孩子的注意力和时间观念。请务必尝试一下。

小结

不要给尚未养成学习习惯的孩子独立房间，在客厅培养孩子的注意力和时间观念。

即使不会写平假名也可以上小学

我经常听到一些妈妈忧心忡忡地说:"我家孩子明明都上小学了,可连平假名都还不会写。"

我直接说结论吧,完全无须担心。就算上小学的时候还不会写平假名,到了放暑假前他也一定会写得很好。

这时又有人担心了:"那片假名呢?"这个也无须多虑。

我女儿直到小学一年级的夏天还不会写片假名,之后通过上课自然而然地记住了。所以完全没必要强行教给孩子。

从报纸里找出平假名吧

如果还是不放心,那就在孩子上小学之前,让他着重熟悉平假、片假名吧。只要他看到自己名字里的汉字能认识，即使是镜像书写，只要会写自己的名字那就足够了。

如果孩子认不出自己的名字，那就把报纸展开，跟他说："小辉你看，这里写着你名字里的'辉'字呢。"外出的时候，找找街边广告牌上的"辉"字也同样有效。

就算孩子认错字，也不要逼他坐在书桌前，每天默写平假名。这样容易早早就把"不爱学习"的想法根植于孩子心中，为日后学习徒增障碍。

读书给孩子听也是种好方法

读书给孩子听是比默写平假名更有效的方法。孩子对此不会有抵触情绪，同时可以借此提高他们对文字的兴趣。

特别是男孩子，在小学二年级之前，他们经常会缠着你读书给他们听。女孩子这种情况可能较少，但如果她们也拜托你的话，请不要拒绝。

男孩觉得阅读是件很麻烦的事。成人也一样，觉得与其对文章进行阅读理解，不如口头说明来得方便。孩子的想法与之相同，所以各位妈妈一定要读给孩子听。这样就能避免孩子只把注意力集中在文字上，完全不能理解其内容。

很少有孩子上了小学高年级之后还来央求父母读书的，所以，我们就把它当成是能让孩子喜欢上文字的契机，尽量满足孩子的要求吧。

同样，妈妈们也不要因为孩子在上小学前没有学会拼音而倍感担忧。孩子不会拼音，分不清什么是声母，什么是韵母，实在不是一件令人担心的事情。我们可以参考平假名、片假名的学习方法。在陪孩子阅读的过程中，潜移默化地融入一些和拼音相关的知识。

比如说看到汉字"爸"，可以告诉孩子，这个汉字的拼音是"bà"，其中"b"是声母，"a"是韵母。"b"和"a"拼在一起，读"ba"，同时还可以教给孩子bā、bá、bǎ、bà四个声调。

总之，学习是一个长期的积累，在学习过程中，让孩子保持兴趣，远离枯燥乏味比什么都重要。

小结

幼儿时期即使不会写平假名、片假名也不用担心，读书给孩子听，提升他们的兴趣。

第四章

如何学好语文

必要的汉字练习

棒球选手在比赛前要进行几百几千次的挥棒练习，就是为了打出安打。正式比赛时，因为脑子里有挥棒击球的演练场景，所以才能击中。如果没有这种事前准备，一下子上场是不可能打出安打的。

想要打球好，反复练习必不可少。

学习也是同样的道理。为了培养出成绩优异的孩子，需要让孩子尽早养成重复基础训练的习惯。

我认为，最适合培养这种习惯的方法就是进行汉字练习。计算题练习册上的问题几乎不可能原封不动地出现，但假设汉字练习册上有20道题，这20道题原原本本出现的可能性并非没有，而且只要写就可以了。所以只要你进行练习,那就很可能拿到分数。

而且,汉字还能体现出教养。高考和就职考试都会有汉字题出现,而步入社会后,汉字也可以说是在社会上生存的基本。所以尽可能让孩子多记住几个字。

因此,我经常和孩子们说:"其他考试无所谓,汉字考试咱们争取考个100分!"

只要反复练习就能拿分的题目还不去做,那就太可惜了,不是吗?

> **小结**
>
> 想要孩子学习好,反复练习必不可少。最适合培养这种习惯的方法是——汉字练习。

通过查询一些搞笑的词语,消除对语言的抵触

教会小学生背汉字的窍门,在于让他们查询搞笑词和偏旁部首。

让一个男孩子突然对汉字充满兴趣并非易事。本来查字典就是有一定难度的事,就连查生词这种作业都有很多孩子不喜欢。越是这种孩子,就越得让他们查询一些搞笑的词语。

比如问他:"'méi kāi yǎn xiào'这个词,应该怎么写呢?"然后再让他查,或者故意让他查那些平时说了会让人哈哈大笑的字词。当游戏和娱乐元素被添加进来,孩子就会开开心心地开始学习。

当他不再抗拒查字典,下一步就让他查偏旁部首。比如,可以

按照下面的方式来和孩子对话。

· 与男孩行之有效的对话方式 ·

"（散步时）我们在那块招牌上找找有没有你名字里的单人旁吧！"

"（在家一边看报纸或电视）看看这里有没有你名字里的单人旁、妈妈名字里的草字头吧！"

"（如果孩子想知道怎么写'笑面虎'）那咱们一起查查字典，看看它怎么写吧！"

"单人旁是什么样的呢？用身体应该如何表达？"

一听这话，有些孩子就会用身体来表现部首，其中还有用积木拼出部首的。从这个角度入手的话，今后孩子就会对汉字兴趣盎然。

之后，就像我在第二章介绍的，可以让孩子从报纸或者从街头广告牌上找出含单人旁的汉字，进而提高他对汉字的兴趣。

另外，为了使这种兴趣能够持久，正如我在第二章所说，加入游戏元素也不失为一种方法。

比如和孩子玩从报纸里找单人旁的游戏时，可以和孩子说："我们比比谁能最先找到你的名字和妈妈名字里的偏旁部首！"与孩子比试比试。求胜欲是激发男孩动力的重要因素，他们一定会积极地应对挑战。

男孩会在追求胜利的过程中自然地掌握知识，这种学习方法对于年龄越小的孩子效果越好。在此基础上，孩子再做汉字题时一定能够顺畅无阻。

越是精致的料理，其备菜过程就越关键。学习也是同样的道理，必须让孩子处于对学习充满兴趣的状态。一旦入口打开了，接下来就能顺畅地学习。

能做到踏踏实实去积累的孩子，自然能拥有注意力与思考能力。希望家长们不要吝啬于费这点功夫去支持孩子。

小结

通过查询搞笑词,将孩子对语言的抵触降为零,稍费点功夫,孩子就能主动学习。

阅读理解能力会从小学高年级开始瞬间提升

你可能会认为："既然他已经对语文产生兴趣，那接下来就让他掌握阅读理解能力吧！"于是兴冲冲地买了参考书，可孩子就是不肯打开来读；又或者，即使打开书来看，可关注点都在插图上，根本不读文章。我知道很多妈妈对此深表担忧。

非常遗憾，男孩不读文字，不看文章，只凭插图进行作答的例子屡见不鲜。

男孩只凭插图作答

假设阅读题的问题是："主人公当时有怎样的心情？"男孩在

这种时候一般都懒得从文中找答案。因为找答案太麻烦，所以他们就先看看文章配图，发现图中人在笑，于是就写上"愉快的心情"。明明仔细读一下文章就能明白答案应该是"寂寞的心情"，可就因为读起来太费事，所以他们就靠插画武断地判断。

第一章提到，男孩子的行为标准是自我评价，学习也是，他们会优先考虑是否有趣。

我看过这么一道题，故事讲的是大鸭子为了保护小鸭子飞了起来，结果被猎人射中。和父亲一起狩猎的少年见此情形，甚是懊悔，内心无比纠结。的确是一道适合小学三年级学生的题。面对"你认为大鸭子为什么要飞起来？"这一问题，你知道八成的男孩都是如何回答的吗？——"因为它想飞。"

对这个年纪的男孩来说，考虑他人的心情是何其困难的事儿。

低年级学生应主要练习默写汉字

那么到什么时候男孩才能乖乖读文章，提升阅读理解能力呢？以我的经验来看，一般到了小学五六年级就能自然提高上来。特别是打算参加小升初考试的孩子就更没问题了。补习班会教给孩子们阅读题的解题技巧，只要不是太懒散，就一定能学会。

低年级学生不擅长解读眼睛看不到的东西和他人的心情,那就干脆放弃解读,帮助孩子从汉字默写入手,一点点进步吧。

 **小结**

> 男孩不擅长考虑别人的心情,小学低年级学生还是主要练习默写汉字。

"提问+禁用词"就能写出充满个性的文章

就算没有阅读理解,很多男孩妈妈还是会和学校布置的作文进行苦战。

男孩是拙于将自身经历用语言表达出来的生物,想让这样的生物写好作文,首先要做的是帮助他们收集写作材料。

听起来好像挺复杂,但其实并不需要做什么特别准备。

用提问引出写作词汇

那么究竟如何收集写作材料呢?这就需要家长对孩子进行提问,从而引导孩子想出可以用于写作的词汇。

如果你问他:"当时是什么心情?"他只能回答出类似"很开

心"这种平淡无奇的语言。但如果你问他:"当时的心情如果用颜色来表达的话,是什么颜色?"是不是不一样?迄今为止从未出现的写作词汇就会应运而生。

孩子会说:"当时吵了一架,心情变成了红色",而红色让人联想到愤怒。

但如果孩子说出"当时吵了一架,心情变成了粉红色"这种出乎意料的答案时,也不要急着否定孩子,质问:"怎么可能变成粉红色嘛!"

因为首先要解决的不是内容,而是收集写作材料。

家长提问的内容最好与五感相关。

"悲伤是什么颜色?"

"如果把悲伤转化成声音,那会是什么声音呢?"

"如果把悲伤转化成气味,你觉得是怎样的气味呢?"

"如果悲伤可以触碰,你会触摸到什么呢?"

"如果吃掉悲伤,味蕾会感知到什么味道呢?"

仅是悲伤这一种心情就可以用颜色、声音、气味、触感、味道等多种形式来表现。只要提出这五个问题,孩子应该就能写出有个性的文章。

设定禁用词，扩充词汇量

如果频繁使用"我很开心"这种词语，孩子的作文就会丧失个性。

因此，要事先设定好禁用词。

比如，写作之前定好规矩，告诉孩子不可以在文末写出"我会努力的""今后还想再去"这类常用表达。这样一来，孩子就会绞尽脑汁思考应该怎么写。

如果规定的禁用词是"开心"，作为替代，孩子就会逐渐开始使用"兴奋""紧张"这种表达心情的词语，词汇量就会逐步提升。随着妈妈坚持提问，孩子会变得更有创造力。

孩子写作大可不必拘泥于学校教的"时间、地点、人物、结果"这种固有模式。一旦刻意按照模式来，就容易写出类似"我今天和妈妈一起吃了汉堡，很好吃"这种流水账。

我今天和妈妈一起吃了汉堡。汉堡闻起来有点儿像烤地瓜，摸上去凹凸不平的，吃完以后有种暖洋洋的红色心情。

这种文章如何?是不是想先读这篇?

男孩不擅长表现目不能及的东西。所以干脆就从平日起,让他在关于五感的提问中耳濡目染。训练得当的话,孩子就一定能写出充满个性的作文。

提出刺激五感的问题,锻炼孩子的想象力,孩子就能写出充满个性的作文。

第五章

如何学好数学

用游戏来提升计算能力

除了汉字默写,数学题是学校最爱布置的作业。数学题不太受男孩欢迎,因为他们觉得解题实在麻烦。但也有津津有味地解题的男孩,这种与众不同到底从何而来?

其实只是取决于"是否能快速计算"。

学过珠算的孩子能三下五除二地把数学题解决掉。即使是小学一年级学生,也能轻松完成十位数、百位数的计算。

不过就算叫孩子去学珠算,估计难度也挺大。在这里,我向大家介绍一个轻轻松松就能解开数学题的扑克游戏。

我要介绍的就是以"神经衰弱"[①]为基础的"加完等于10"游戏。

---

① 神经衰弱,一种纸牌游戏,也是一个脑力训练游戏。

一般的"神经衰弱"是，如果翻到数字相同的两张牌，那这两张牌就是你的了。但是这个游戏使用的纸牌数字只有1~10。规则就是翻到的牌加起来等于10。如果翻到的牌数字是1，那就需要翻到数字是9的牌，2则是8，3则是7，4则是6，5就是5。只要翻出来的数字总和为10，就可以得到这两张牌。只有一下就翻出10的时候，才能直接得到牌。这时候需要向孩子说明："10＋0=10，0的话就没必要再翻牌了。"

游戏玩熟之后，可以使用写有1~13的纸牌，家长再提议："两张牌加起来超过10的话就可以拿走，要是比10小就不能拿。"

如果翻出的牌是7和4，因为加在一起等于11，所以可以把牌拿走，但如果翻到的是2和5，加起来等于7，那就不能拿走。

这种过程不断重复，仅一次"神经衰弱"就要进行几十次计算。

这跟做计算练习册拥有同样的效果。即使是不爱做练习册的孩子，玩了这个游戏也会突然变得热爱计算。

刚刚介绍的游戏3个人、4个人都能玩，下面要介绍的是一个双人游戏。

首先，把扑克牌平均分给两个人。然后把纸牌摆成摆放在手中，在"一、二、三"的话音落下后，翻开最上面两张牌后摆出来。两张牌的数字相加，结果大的一方赢。

例如，A出的是5和10，B出的是1和3，谁赢？当然是A赢。可以自由决定是提前把"大小王"挑出去还是换算成0。由于在游戏过程中就进行了几十次计算，因此孩子的计算能力自然不在话下。

这里介绍的游戏方法都是加法，只要习惯以后就可以随意应用。"小九九"自不必说，如果给孩子出个"进行四则运算之后等于5"这类题目，难度加大，孩子就会觉得更有意思。

·"加完等于10"游戏·

准备好数字为1~10的扑克牌，扣过来放好。

按照"神经衰弱"的游戏规则，按照顺序每次翻两张牌，如翻到"1和9""2和8"等加起来等于10的牌，则可以获取纸牌。

只有首次翻牌即翻到10时才能立刻获取该牌（第二次之后就算翻到10也不能获取）。最后，纸牌数量多者获胜。

熟悉游戏后，可使用数字为1~13的扑克牌，设定游戏规则，纸牌相加大于10才能获取纸牌。

小结

怎样才能让数学题受到男孩的欢迎呢？答案是：用游戏来提升他们的计算能力。

计算的关键在于"熟记"

　　计算能力无关聪明与否，重点是"熟记"。孩子不太会计算，是因为练得还不够，所以记不住。想通过作业和习题来克服孩子认为自己不擅长的东西，也非易事。正因如此，更有必要把它转化成游戏。在游戏的过程中不断重复练习，孩子不会觉得痛苦。这个不断重复游戏的过程就叫作反复练习。

　　为了让计算达到熟练的程度，不练习是不行的。如果不能做到反复练习，孩子就会受挫。把反复练习变成游戏，成为一种娱乐，是这个游戏的主旨。对于开心的事，孩子们都会非常率真地说"还想再玩一次"。一旦说出来，那就是胜利。各位家长不妨一试。

计算速度快，进入社会后也有用

　　计算速度快本身就是强项。比如上了小学高年级，孩子肯定能自如应对三位数、四位数计算,那些早就习惯计算的孩子,可以轻易地回答出答案。如果你问:"买998元的商品,付1000元,应该找回多少钱?"有的孩子会匆忙开始计算,而有的孩子能够瞬间在脑海中浮现出答案。计算练习做到已经可以背出来的孩子立刻就能计算出"再加2元就是1000元了"。计算能力对考试非常重要。即使进入社会,计算能力也是必备的能力,事先掌握不会吃亏。

重复游戏可以让孩子的计算达到熟练的程度。

第六章

如何学好其他学科

用动物的"便便"引发兴趣

想要快乐地学习理科课程,最好能灵活运用图鉴和书,灵活运用让男孩感兴趣的昆虫和动物。

现在书店里有很多像《遗憾的进化》①这类介绍生物奇妙生态的书,对孩子来说很有吸引力。

举个书中的例子:"考拉会吃妈妈的'便便'来代替辅食。考拉属于有袋类,育儿袋向下开口,小考拉会从妈妈的屁股那边伸出脑袋。""小丑鱼里雌性的身体最大,其次是雄性。此外还有不属

---

① 《遗憾的进化》:今泉忠明编,王雪译,南海出版公司2019年7月出版。

于雌性也不属于雄性的小丑鱼哦。"

这些内容就连大人也会觉得十分震惊吧。买本有趣的科普读物，把内容讲给孩子，他们会侧耳倾听的。

"螳螂在交尾时，母螳螂会把公螳螂吃掉哦。"

"据说仓鼠在生产后，为了获取蛋白质，会吃掉自己生下的幼崽。"

也可以跟孩子进行以上这种对话。虽然听上去颇显残酷，但这都是生物的生存智慧。

养宠物时，也可以告诉孩子一些事实，比如"狗的寿命大约有12年"。

如果同孩子说哺乳类、爬虫类，那么比起通过硬邦邦的教科书，不如从孩子们深感兴趣的内容教起，这样才是快乐教学。各位不妨买些有意思的书，给孩子讲讲。

· 与男孩行之有效的对话方式 ·

"你觉得鸽子和猫，哪个是从妈妈身体里生出来的？哪个是从蛋里生出来的？"

"螳螂在交尾时,母螳螂会把公螳螂吃掉哦。"

"食物进入嘴里,首先会到食道,之后通过胃,再通过小肠和大肠,最后会成为粪便。"

小结

学习理科适合用书和图鉴!讲述书中内容能自然提高孩子的学习欲。

巧妙利用餐桌上的对话

如果动物的话题能让孩子对理科产生兴趣，学习理科的难度就会大大降低。除动物之外，很多理科素材就在身边。只要平时与孩子交流时下点工夫，就有可能激发他对理科的兴趣。

比如，蔬菜分为单子叶植物和双子叶植物。单子叶植物如葱、稻子等叶脉为平行脉，而菠菜、卷心菜这样的双子叶植物，叶子则呈网状。

这些知识通常得上了初中才会学到，但如果孩子体会过"我比朋友们懂得多""自己也能独立学习"，他们就会变得十分自信。只要往餐桌上的对话里"加点儿料"，他们就能做到抢先学习。

没必要一开始就讲太难的东西。在说明了植物的种类之后，可以说："今天晚上吃咖喱。咖喱里面放了土豆和胡萝卜，你们觉得它们是单子叶植物还是双子叶植物呢？""我好像没见过洋葱的叶子，要不咱们查一下洋葱的叶子长什么样？"这样孩子对于知识的好奇心就会被勾起来。

当孩子"上钩"以后，就可以进一步拓展话题。

"单子叶植物的根是'须根'，看起来细细长长的。"

"菠菜属于双子叶植物对吧。那咱们再看看它的根长什么样吧。"

"双子叶植物的花瓣有离瓣花和合瓣花，离瓣花花瓣分离，合瓣花花瓣密合。"

"牵牛花属于合瓣花哦。我们一起看看它的花瓣是什么样吧！"

这样一说，孩子就会想对比一下单子叶植物和双子叶植物的根有什么区别，离瓣花和合瓣花的花瓣有什么不同。

小结

　　抢先学习有助于提高孩子的自信！餐桌上的几句话就能提升孩子的学习意愿。

用地图和普乐路路① 快乐学习

说起社会这门学科的学习方法,大家可能不自觉地就紧张起来。其实完全不需要想得太复杂。和学习理科一样,使用孩子可能喜欢的题材,并且让孩子看到妈妈想跟他一起学习的姿态。妈妈通过和孩子一起学习,能汲取许多知识,也不失为快乐的学习过程。

社会这门科目分为各种题型,如果考虑到小升初考试,那事先必须掌握的题型就是时事问题、日本地图(县厅所在地②、特

---

① 普乐路路:是日本Takara Tomy公司推出的儿童铁路模型,1959年发售第一款模型,之后经过不断改良,目前除一般铁路之外,还有地铁、公交、单轨电车及磁悬浮列车等新玩法。
② 县厅所在地:相当于中国的省会。

产）、日本史。就算不参加小升初考试，熟记日本地图也能在各种场合派上用场。

充分利用五感增强印象

首先来看个时事问题中有关铁路的问题："北海道新干线最远通向哪里？"很多男孩子喜欢交通工具，只要平时看新闻、报纸时跟他提一句："原来北海道新干线最远通向函馆啊！"这样就能引发他的兴趣。

而县厅所在地相关问题的出题点几乎都是固定的（三重县在津市、滋贺县在大津市、埼玉县在埼玉市等等）。解题关键在于是否能写出47个都道府县①的汉字名称。在冰箱上贴一张日本地图，每天只需和孩子说一句"××县的县厅所在地在××市哦"，就能给孩子留下印象。

至于各地特产，我推荐同时使用男孩喜爱的普乐路路和市面出售的都道府县卡。

玩法很简单。首先用2个塑料夹夹住卡片一端，然后把卡片立起来当作车站。如果是喜欢"小町号"新干线的男孩，就把福岛县

---

① 都道府县：日本的行政区划，分为1都（东京都）、1道（北海道）、2府（大阪府、京都府）和43县，下设市、町、村。

的卡片当作车站,对他说:"小町号在福岛站停了。说起福岛,桃子很有名的。"孩子就会记住县名和特产了。

最有效的方法不外乎将学习与孩子喜欢的、感兴趣的东西相结合。

· 与男孩行之有效的对话方式 ·

"北海道新干线最远已经开通到函馆了呢!"

"埼玉县的县厅所在地是埼玉市。"

"(一边玩普乐路路)小町号在福岛站停了。说起福岛,桃子很有名的!"

"群马县的高崎站以生产不倒翁闻名!"

 小结

普乐路路也是学好社会这门课的教具!一起将身边的玩具活用于学习吧!

从 2 岁开始学英语完全可以

孩子开始学英语的年龄正在逐年降低,自2020年度①起,小学英语将成为义务教育。英语这门课,接触的时间早晚和成果大小成正比,所以早点开始学没有坏处。

但有不少妈妈持有以下观点:"想让他在幼儿时期好好学日语""同时学习两国语言太花时间"。

每个家庭都有自己的方针,孰优孰劣不能一概而论。但孩子是要活在未来社会的,所以我个人认为早点儿开始学英语较为有利。

---

① 年度:日本的年度从每年4月份开始,为期一年。

其实从2021年起,英语将在高考制度中发生很大改变。到目前为止,英语考试以写作和阅读为主,而今后必然会加入听力和口语,要求考生具备更加综合的英语能力。所以从这点来看,若能尽早消除对英语的抵触情绪,以后就会比较轻松。

那么从几岁开始学英语比较好呢?

如果从小学三四年级开始学,可能会有点儿吃力。因为这个年龄段正处在羞于张嘴说英语的年纪。而2岁小孩则喜欢模仿妈妈说话,所以正是最佳时机。这一时期,不仅是英语,孩子会把听到的所有语言直接复述出来。

从三四岁开始学也不算晚,但接触得越早,掌握得越多。

具体怎么学呢?我推荐使用手势和纸来表达语言。

如果从幼儿时期开始学英语,家长在玩过家家和孩子讲"这是小鸭子""这是苹果"的同时,最好把英语"Duck""Apple"也一并教给他。现在书店里有很多英语书、学习卡,让孩子看看读读,非常有用。

要是能在学习中加入动作,印象就会更深。

我女儿曾就读于国际学校,有一次,她看到老师们一边说"Give me five!"一边击掌。如果直译的话就是"给我5",但真正翻译过来其实是"耶!""太好啦!"的意思。

像这样,将会话和动作作为一组同时记忆,印象就会异常深刻。

英语可以和外面的老师学,不过还是自己在家每天或多或少地接触一下,记忆更为长久。如果把它当作一门学问,顶多每周学一次。但要是在家里每天稍微学一点儿,长此以往就适应了英语。YouTube上有丰富的英语歌,仅仅在家播放也能学到东西。每天就算互相只念一张单词卡,也能给耳朵营造一个学习英语的环境。

还有,吃饭时在对话里夹杂英语也是一种方法。

不需要说得很流利。比如想让人帮忙递下酱油,就可以说:"Could you please pass me soysauce."仅此也能得到锻炼。

当你希望孩子擦一擦他的书桌,就每天对他说:"Please dry your table."以后,他就能脱口而出了。

这里再重复一遍,英语这门学科,接触的时间越长,水平就越能切实地提高。

从点滴开始,请和孩子一起留出学英语的时间吧。

· 与男孩行之有效的对话方式 ·

（让孩子养成用英语说科目名的习惯为佳）

日语　Japanese

数学　Mathematics（Math）

理科　Science

社会　Social Studies

英语　English

音乐　Music

美术　Arts and Crafts

体育　Physical Education（P.E.）

小结

2岁开始学英语，会话和动作成套学习。

第七章

学习态度发生惊人变化!
教育男孩的窍门

"奖励"+"时间分段"=主动学习

想让男孩子好好学习,需要灵活运用奖励机制。要把男孩子喜欢的游戏、零食有效地奖励给他们。

定好时间依然是重点。

假设将写作业的时间设定为15分钟。定好规矩,例如"按时完成作业就可以吃冰淇淋""可以再多玩10分钟游戏"。由于男孩的注意力无法长时间集中,所以不要把时间段设成1小时左右,那样太长了。

让孩子自己设定目标是不可能的。即使是成人,就算能列出短期目标,但若想设定出今年的长期目标,也需要苦思冥想。

一开始不妨用奖励来代替目标,用孩子喜欢的东西来增强动力。这时有人可能会担心:"那样会不会把孩子培养成一个没有奖励就什么也不做的人呢?"您大可放心。随着年龄的增长,奖励就会变成理想和目标了。

> 通过"故意给甜头"来提高干劲,并非只有严格管制才是育儿。

利用好游戏这一砝码

有一堵墙,立在了所有希望孩子学习的妈妈面前。这堵墙的名字是——"游戏"。

如果采访全国的妈妈,她们一定都被这个问题所困扰。

可如果能利用好游戏这一砝码,就可以使孩子的生活习惯更合理。那该怎么做呢?让我们把"游戏时间"限定为早上。

一旦把游戏时间设定为早上,孩子就会为了打游戏而早早起床。这和为了看喜欢的电视节目,星期天早上比平时起得更早,是一个道理。

当你告诉他"做完上学准备、吃完饭就可以在出发前的20分钟玩游戏",这样孩子就会以惊人的速度三两下搞定一切。

那么，遇到以下场景该怎么办呢？

"他的朋友要是来家里做客，可以玩游戏吗？"

"几位妈妈在外面聚餐时，大部分家长都让孩子玩游戏，这时候应该怎么办？"

如何解决这些疑问，从结论来讲，主要就是看"你想把孩子培养成什么样的人"。

我家孩子是女孩，在她上小学期间，我禁止她玩所有游戏。六年来，我一直在想，如果我让她玩游戏会怎样，不玩游戏又会怎样，答案是不玩游戏也没什么不可以。

女儿去朋友家聚会的时候，基本上所有的孩子都带去了游戏机，我也担心过女儿会不会因此不安，但是最后他们互相借用游戏机，玩玩就过去了。

现在的孩子几乎人人都有游戏机，不给买反倒奇怪。妈妈是否应该坚持不给孩子买游戏机，还要视具体情况而定。

定好规矩再给孩子买游戏机、手机

一旦有了手机，孩子早晚都得玩游戏。而且孩子肯定会接触社交网络，之后就会出现种种问题。

这时最好定好时间："回家以后最多玩20分钟游戏。"制定惩

罚政策："破了规矩就禁止使用3天。"

其实，游戏和手机带来的最大问题就是让人不能管理好时间。

如果不能管理好时间，长大以后就会在工作上吃苦头。从这种意义上来说，游戏和手机是一个很好的载体。提前定好使用时间和充电地点。这样一来，家长就不用着急，孩子就能掌握时间观念。如果不定规矩，孩子就会没完没了地玩下去。

推荐早上玩游戏，定好规矩，培养孩子的时间观念。

为避免孩子成为"网瘾儿童",家长可以做好预设

很多家长将电子产品、游戏等视为洪水猛兽的很大原因是怕孩子沉迷游戏不可自拔,影响学习。其实,一个东西,想让人对它产生不正常的猎奇和探究欲的最简单办法,就是禁止它。原本防止游戏上瘾这件事就跟治水一样,堵不如疏,只有一开始就正确地建立认知、保持平常的心态,才不会产生不必要的代价。所以防止沉迷游戏绝不是说不让孩子接触游戏。让孩子使用智能手机、网络、游戏机前,大原则是一定要定好规矩。孩子不能进行自我约束时,家长可以规定好时间,然后孩子可以在规定范围内尽情玩乐。

恰当地让孩子玩游戏是有必要的。家长可以帮孩子规划好上网时间。

比如,"上学期间不可以玩,周末两天可以玩,但是每天不能超过2个小时。"

"晚上10点以后不可以碰手机(也不能上网)。"

"话费要是超过这个数,剩下的就用你的压岁钱付。"

……

像这样定下具体规则,就算已经把手机交到孩子手里也一样。"上网时间太长就没时间写作业和睡觉了。所以从今天起只有19-20点之间可以上网,你觉得可以吗?"——像这样和他建议一下,孩子在此基础上还可以做出选择。

或者选择陪玩的方式,就是每天都玩半小时到一小时,这需要根据家庭协商处理。而假期时间比较长,如果孩子一天到晚闷在家里,就会产生无聊情绪,时间上就不是很好控制。在这种特殊的时期,家长应该有个合理的规划,比如带着孩子来一场旅行。如果孩子没有其他活动去充实,更多时间是待在家里的话,那孩子玩手机、电脑的时间就不能很好控制了。

家长要给孩子合理地安排假期生活,带孩子逛公园、爬山、游泳、打球,或者去图书馆看书,去博物馆参观,看电影和话剧,组织小朋友间的聚会等，这样孩子发现丰富的活动比待在家里打游戏有趣得多，自然也就不会被网络游戏牵着鼻子走了。

 小结

不要将电子产品和游戏视为洪水猛兽，堵不如疏，适当地让孩子玩游戏是有必要的，只要帮孩子规划好上网时间就可以了。

对待成人网站的正确方法

下面我们来说说如果孩子接触到成人网站时该怎么办。

首先希望妈妈们理解的一个大前提是：男孩子想看成人网站是发育正常的表现。

这是一个人人想当You Tuber①的时代。这个时代，孩子会在什么情况下看到成人网站完全无法预测，就算想尽办法也无可避免。

既然如此，不如在家里好好教育，这样不管那些网站何时出现在他眼前都不用担心。让孩子好好接受性教育，也就不用整日提心吊胆的了。

---

① You Tuber：在视频网站You Tube上上传视频的人。

这个道理很多妈妈都懂，可还是会谈"性"色变。不过这条路大家早晚都得走，早点儿和孩子渗透，路走起来会更顺畅。

大方地跟孩子谈"性"

在关于性的话题上，如果亲子间习惯了坦诚交流，那就可以一起探讨对策，万一和女孩发生什么，孩子也能如实汇报，卷入性犯罪的可能性就能降低到几乎为零。

那么应该如何在家进行性教育呢？在生物课的内容基础上教授就很合适。

如果你问孩子："婴儿是从哪里来的呢？"他们八成会回答："肚子。"

这时家长需要这么说："不是的。分别排出大小便的两个洞之间有一个地方叫作阴道，是从那里出生的哟。"

如果你像介绍动物习性一样地告诉他，他就会大大方方地提问，这样就能顺畅地沟通了。

如果把它当作"性的话题"可能说起来有点儿难，但如果当作是"生物学话题"，就会瞬间简单起来。把人体图鉴用语用于对话当中，家长也不会觉得羞于启齿。

拿性的话题开玩笑，是因为孩子没有接受过正确教育。到了小学高年级，孩子的身体就会出现变化，所以家长在那之前——比如10岁前就告诉孩子这些知识，也便于家长日后和孩子沟通，孩子也能坦然接受。

性教育要趁早，掌握正确的性知识就能从容长大。

育儿和足球赛一样，犯规就要当场惩罚

小孩子对父母的言行举止十分关注。如果孩子的言行不一致，家长就会责骂他们吧？其实孩子也一样，要是家长的言行相左，他们说的话孩子就不愿意听。

以前，有的家长将"禁止玩游戏一星期"作为惩罚，将游戏机藏了起来，可孩子总是能找出来，家长为此头疼不已。

这个就是孩子观察家长觉悟的典型例子。当孩子破坏了规矩，家长就要有把游戏机扔掉的觉悟。然而，要是出于"这东西挺贵的不舍得扔啊""这个是孩子爷爷奶奶给买的，扔不得啊"种种家长的个人原因没扔成，就会被孩子小看。

这时就要想象一下，如果没扔掉游戏机会怎么样呢？您不觉

得要是孩子一个劲儿地玩游戏，以后变成一个不能掌控好时间的大人，那样问题才严重吗？

孩子自始至终关注的只有家长的觉悟而已。

打破规矩就要当场实施惩罚

我这个人很少说"不准"。所以我一旦说出口，就会坚持到底，我女儿深知这一点。

比方说，事先告诉孩子："如果你在餐厅跟朋友打架或者吵闹，我们就回去。"那如果孩子真的吵闹起来怎么办？大部分妈妈都不会真的回去，而我会立刻走人。

去的地方是迪士尼乐园也好，高级宾馆也罢，标准都一样。只要打破规矩就要当场执行惩罚，仅此而已。

我经营的日本亲子学习协会的教员们，可能是因为总听我说，所以当他们的孩子调皮捣蛋时，他们很多人会即刻实施惩罚。

有的人更是生猛："我们去了夏威夷的活动，但是孩子破坏了规矩，我就回去了。"但由于实施了惩罚，后来曾欣慰地说："之后我们再出门，孩子的态度发生180度大转弯，变得很乖！"

有人会说"这样我女儿好可怜啊""这么贵太浪费了"，可如果孩子明明破坏了规矩还不给予惩罚，今后等待你的可是长达十余年的战役。一旦被认定"妈妈只是嘴上说说,根本不会付诸行动",孩子就很可能会反复挑战你的权威。

这样一想,当场回去的代价是不是很低?

若不能尽早展示家长的觉悟,等孩子上了初中,情况就会很严重。因为初中生会迎来叛逆期。

妈妈向孩子动过几次真格儿,之后就会显示出几分效果。说起来体育项目也是如此。就算选手犯规,裁判员也不会次次生气。裁判员只需公布裁判结果,选手遵守结果就可以。

日常生活中规矩也不要缺席

这种规矩同样适用于游戏以外的日常生活。

吃饭磨磨唧唧吃一个小时,吃饭的时候一直开着电视……这时,妈妈就算一直抱怨,很遗憾,男孩子也只会左耳进右耳出。因为他们根本就不听。

我懂这种强压怒火的感觉,但这种时候也要定规矩,孩子打破规矩依旧得接受惩罚。这种机制一旦形成,以后就会获益无穷。

当你告诉孩子:"你一会儿要上幼儿园,所以在时钟的时针指向7之前要把饭吃完哦!"等到了约定的时间孩子还没吃完,就算他哭闹,也要跟他说:"你没在时针指到7的时候吃完,那就没办法喽！"然后把饭撤走。这样每次生气就不会耗神。

日本饮食丰富，孩子就算少吃一点儿也不会饿到，反而因为早早就饿了，午饭吃得比谁都香。

遗憾的是，很多妈妈明明已经定了规矩，却因为场合不同频频更改。请务必保持作为家长的一惯性，孩子比你认为的还要关注家长的觉悟有多高。

小结

一旦破坏规矩就要即刻实施惩罚措施，让孩子看到你言出必行的觉悟吧！

不必强迫孩子帮忙

很多妈妈希望孩子以后不仅会学习，平时还能给自己搭把手。

如果孩子能帮忙分担家务和育儿的话，那该有多好。特别是父母都上班的家庭，孩子要是能帮忙干点儿家务，那就太令人欣慰了。

但如果你不是这种家庭的家长，又为什么非得让孩子帮忙呢？可能你会说："会干总比不会强。"这个就像说"英语还是得会的"一样，不觉得理由有点儿模糊不清吗？

我认为不直接关乎孩子自立的事儿就没必要去做，帮家长忙也是一样。更为重要的是第一章讲过的，搞清楚孩子真正想做的是什么。

让孩子帮忙需要耐性

让孩子帮忙会考验家长的耐性。

为什么这么说?因为孩子肯定干不好。

让他淘米百分百会把水洒出来,而且因为他淘得慢悠悠的,大米就容易泡得太过。看到此情此景,你敢保证能一言不发吗?

如果要让孩子帮忙,你必须得有一颗宽大的心,在看到孩子笨拙的举动时也能一笑而过。

更不用说,很多家长都是根据自己的心情让孩子做这做那,这就更加麻烦。

如果一开始就让孩子做蛋糕,或为了暑假的自由研究作业而做饭等,孩子明白自己是出于某种目的在做事,那么便可以让他帮忙。

但在孩子养成每日帮忙做家务这个习惯之前,需要家长长久的耐性。这边家长忙作一团,那边孩子搞砸了,家长肯定忍不住会当场斥责。这样一来,孩子就会觉得帮忙是件讨厌的事情。

"叫他洗浴缸,说多少次都不洗。"

"告诉他洗好的衣物要自己叠,就是不听。"

许多妈妈被自己设下的规矩套得牢牢的。

其实规矩这东西，定得越多，无法完成时的失望就越大，人就容易变得十分激动。与其这样，不如一开始就不要制定这种规矩，维护和孩子的良好关系。不要太逞强，如果觉得一定要让他帮点儿忙，那就选择自己觉得轻松的那条路吧。

考虑到善后工作，如果觉得自己干比较轻松，那就三五下搞定它；要是觉得让孩子帮忙，自己能稍微得到解放，那就让他帮忙。

不管结果如何，最后都不要忘了用"I Message"同孩子说一句："谢谢啦，你帮了妈妈很大的忙！"

切忌期待自己因为孩子被表扬

当孩子变得懂礼貌、学习好，又能帮忙做家务，别人夸奖他"真了不起"时，身为家长，仿佛我们自己也受到了表扬，欣喜不已。我能理解这种心情。但是，切忌期待自己因为孩子被表扬。

妈妈们总说"我家孩子一天懒洋洋的真愁人"，其实大多是因为"不希望被人说是不称职的妈妈"。这种想法令人遗憾。

教养本来是为了适应社会环境而存在的，是为了孩子而存在的，而不是为了妈妈。孩子是孩子，家长是家长。

大学生不知道正确的上茶方法，绝不是什么丢脸的事儿。工作以后，他们会有机会从公司前辈那里学到的。我觉得那样就足够了。过去我从来没让女儿做过任何家务，现在我忙不开的时候，她也能主动帮我打扫、洗衣服，做一些家务。

在前面第二章曾说过，不要只看重做家务，现在会不会无所谓，进入社会后会做就没问题。希望各位能把这个作为教育的重点。

如果你因为孩子不能完成你的每项要求就变得情绪急躁，那么你不觉得是在浪费时间吗？把这个时间用来做自己喜欢的事儿，人生也能更加快活。

不要"为了让自己看上去是个好妈妈"而让孩子帮忙做家务。

父母要分别唱好"红脸"和"白脸"

在育儿过程中,很多妈妈难免遇到令人生气、忍不住想训斥孩子的情况。这里我想告诉各位一个不生气就能解决问题的方法。

餐厅里偶尔会看到孩子把筷子放进玻璃杯里面乱搅和,虽然不礼貌,但在孩子眼中却把它认定为一种实验。这时你反而要帮他一把:"你想转着玩吧?但是如果杯子碎了就会有危险,妈妈帮你扶着。"

你可能会认为这样是"助纣为虐"。但是没关系,孩子玩腻了自然会收手。

你是不是觉得如果这时候作为家长不去制止,被其他人看到不太好，想要为了他人的看法而制止孩子呢？

训斥的次数越多，威力就越小。男孩子本来就不听人说话，当训斥成为常态，他们就会愈发逆反。训斥只有偶尔为之才有效。

让爸爸唱好红脸

有的妈妈发现训斥不管用，就会把爸爸搬出来。我反对这种做法。

平时明明跟妈妈相处时间最长，却被突然登场的爸爸一顿训，你觉得孩子能接受得了吗？

如果你突然被职场上没怎么见过面的领导叫去，就算他批评你，你也会觉得："嗯？这个人凭什么这么说我？"道理是一样的。

不如就让爸爸彻底成为一个可以陪孩子玩的人。

要是问妈妈们有没有不想做的事儿，出现较多的回答是："陪孩子玩捉迷藏这类需要体力的游戏。"妈妈没必要一个人什么都做，这部分工作就交给爸爸吧。

一定要确定好父母二人各自在家庭内部的分工。如果孩子突然跑到马路上,或者从很高的地方跳下来,面对这种性命攸关的情况,则需要爸爸出来唱白脸,但是仅限于此。

妈妈唱白脸、爸爸唱红脸,确定好家庭内部分工。

"当时当场"是批评男孩的铁则

就算家长不想训孩子,但总有不得不训的时候。在这里我想强调的是训斥的时机和场所。男孩和女孩截然不同。

"当时当场"是批评男孩的铁则,事后再说毫无意义。因为他们很快就忘掉了,屡教不改是男孩子的顽疾。如果你因此急躁易怒,那么就想想"没办法,谁叫男孩永远比女孩小两岁"吧。

在第一章讲过,女孩拥有"他人视角"。如果你在人前训斥她们,她们会觉得受到了羞辱,甚至产生愤怒和懊恼的情绪。于是她们就会变得不愿直接认错,撒一些没必要的谎。她们非常抗拒自己评价降低这件事。这是女孩的常见倾向。

为避免形成这种事态,女孩子要在人后批评,这样她们才能坦然接受，进而理解家长的批评意图。

切记，批评男孩和女孩的时机和场所不能一样。

小结

男孩要当场批评，女孩要把她叫到无人的地方批评才有效果。

发生争执后要向女孩询问事情原委

"儿子在学校受伤,回家以后问他,却什么都不肯说。"

"想从儿子那儿套话,可他说的话我听不明白。"

是不是很多妈妈都苦于与男孩沟通不畅?这其实是再正常不过的了。

第一章里已经说过,男孩子不具备客观性。他们判断事情非常武断,发言只考虑主体性,就算能陈述出自己当时的心情,也很难客观说明事情发生的背景。换言之,他们会把自己的感受原样表现出来,拥有非常率真的感受性。

男孩说话听 3 分,女孩说话听 7 分

如果孩子说"我受伤了""我打架了",那么该如何了解事情的背景呢?

这时就要一边听男孩的陈述,一边问问当时在场的女孩。女孩通常会说"其他孩子是这么说的""我当时看到了,我是这么认为的",因为拥有他人视角,所以女孩可以比较客观地表达。

很多家长听完男孩的话以后再听女孩的话,结合双方发言后才恍然大悟。

但如果因此就只问女孩,完全不问男孩,那他们就会觉得"为什么不问我呢",然后变得不安。

在完整地听取了男孩本人的说法之后,再问他:"当时周围还有谁?"在此基础上跟他商量:"那我再问问她。"这样就不会让孩子陷入不安情绪,还能广泛收集信息。

我们经常说××说的话只有一半可信,而男孩子的话听3分就够了。剩下的7分交给周围的女孩子或者大人,就能搞清楚事情的背景和经过。

听到这里,很多妈妈会发现"原来不只我家孩子这样啊",于是安下心来。孩子在小学低年级期间，就算说不明白也无所谓。努力从周围人的话语中弄清事情的原委吧。

 小结

听不懂男孩子说的话是理所当然的，问问女孩子，再弄清楚事情的原委。

恰当的提问有助于培养孩子的表达力

我们已经知道男孩不善言辞,这时有的妈妈会想,家长就不能做点儿什么吗?我们在这里就介绍一下如何通过提问,培养出擅长表达的孩子。

孩子不善沟通是由家长造成的。想要培养出擅长表达的孩子,平时就要营造出让孩子想要表达的环境。

孩子回家时请这样说:"你回来啦!看起来精神状态不错啊。是不是过得挺开心的?能不能跟妈妈说说怎么个开心法?现在不想说的话没关系,什么时候想说都可以。"

"跟谁在一起玩了?开不开心?"不要这样问个不停。如果光问一些用"yes"或"no"就能回答的问题,那么孩子就会变得不善交流。孩子不善沟通完全是由父母造成的。

交流若有障碍,很多事就不能有所进展。

让我们设定一个场景,假设孩子忘记带红铅笔,想要借老师的一用。这种情况下应该怎么说呢?不善言辞的孩子只会说:"我忘带红铅笔了。"这只是单纯的报告而已。

面对这种孩子,即使对方说:"所以呢?"他们也说不出下句。

如果问他:"那怎么办呢?回家取?"有的孩子真的就回家取了。

对方明明没有让他回去取的意思,只是想引导孩子说出"我找朋友借""您能借给我吗"而已,可孩子却把它当作指令去执行。

被盘问长大的孩子都不擅长与人交流。家长不要问这问那的,而是要让孩子养成自己解释说明、提出解决方案的习惯。

具体来说,可以问他:"那你准备怎么办?"

仅这一句话,应该就能让孩子决定下一步该如何行动。

> **小结**
>
> 父母的说话方式决定孩子是否擅长交流,秘诀是"不要问这问那"。

何为育儿的终点

目前为止我们谈了很多男孩的教育问题,最后我还想说一件事儿。在和很多妈妈面对面交谈后,我发现如果孩子没有做到基本自理,很多妈妈就会立刻发火。比如"不好好拿筷子""经常忘东忘西",妈妈们难免会在意这些小缺点。

我也是有孩子的人,所以感同身受。但请各位好好想想,育儿的终点到几岁为止?

我认为育儿的终点在孩子22岁左右。

但由于我在第一章说过,男孩永远比女孩小2岁,所以就把目标设定在24岁左右吧。

所谓育儿终点,其实就是让孩子独立。说得更详细点,就是把孩子培养成一个有工作、经济独立的大人。

应该没有太多步入社会的24岁成年人会经常忘记重要文件。就算孩子现在经常丢三落四，当长大成人后，他也会努力不去忘记。比起将大人眼中的"正确"强加于孩子身上，培养他在忘记东西时思考如何应对的能力更为重要。

有的孩子18岁就离开家，可能一开始也需要父母资助，但之后就会逐渐自立。与父母分开住的孩子会变得异常独立，也很健全。

如何让孩子在24岁时独立呢？

请把这件事当作最优先考虑的事项。

一个24岁的人一定能做到的事儿，现在就无须特别说教。

我们都想成为这样的妈妈：一边关注着孩子离巢起飞的那天何时到来，一边在孩子还小时问他"为什么会这样呢？""你会怎么办？"不断催他自立。

小结

> 24岁的人自然能做到的事情就忽视它，问一些促进孩子自立的问题。

第八章

焦躁变为顿悟！面向妈妈烦恼的问与答

问：总是不自觉地把所有事情都替孩子做好，怎么办？

答：觉得自己的孩子可爱是理所当然的。尤其男孩子比较淘气，妈妈怎么看都觉得聪明伶俐。但如果孩子已经长大成人，你是不是依然想替他料理所有事情？等孩子到了三十几岁，你内心是不是就觉得差不多该离家独立了。若是孩子成了啃老族，那就麻烦了。

孩子上小学期间，很多事儿无法自行判断，家长需要伸出援手。孩子上了初中后，家长就要渐渐退居幕后，否则孩子就会变得无法独立思考，只懂听令行事。和孩子保持适当距离，让他自己决定一些事儿，这样孩子就会觉得自在。

我创办补习班时女儿年纪尚小，我与女儿在一起的时间很有限，经常只能给她做早餐，却做不了晚餐。我尽量保证给她做一些最基本的事儿。我慢慢地向她渗透一个观念：妈妈没有那么多时间花在你身上。所以就算我回来得晚，她也能自己准备晚饭，在早期阶段就表现得很独立。

如果孩子懂得爸爸妈妈也有自己想做的事，不能把精力都放在他身上，他就自然能做一些力所能及的事儿。

孩子将来一定会独立。你是希望现在溺爱孩子，让他成为一个什么都不能独立完成的大人，还是一边宠爱，一边把他培养成将来能够自立的大人……只要想象一下，你自然就会明白作为家长应该怎样做。

问：我家孩子成天丢三落四，如何改正呢?

答：妈妈不要轻易帮忙。就这一点。在一旁默默观察，孩子就会自己思考、行动。如果孩子忘记带体操服，你是不是会马上给送去学校？不要这样，要把判断的权利交给孩子。之前有个孩子也忘记带体操服，就借妹妹的穿。如果向朋友借，因为姓氏不同很容易就会暴露①，但是妹妹的姓氏跟自己一样。这可能是孩子绞尽脑汁的结果，真是个好主意!

不丢三落四固然重要，但是思考"如果忘了东西该怎么办"更

---

① 日本小学的体操服上通常会写有学生的姓氏，所以姓氏不同就会被发现不是自己的衣服。

加重要。能够想出下一步做法的孩子，长大了也一定没问题。

当然，制定一些防止忘带东西的对策也很有效。比如事先在手背写上可能会忘的事儿，或者将第二天早上要带的东西提前一天放到鞋子里，也可以在玄关大门上贴一个写有"不要忘带体操服"的便笺等等。

如果忘带东西了，那就当作是应变能力的练习，让孩子自己思考该如何处理。

问：孩子经常假哭、装病，这该如何是好……

答：经常对孩子说"是你的话一定行"。

"黏人小妖精"大多喜欢假哭和装病。我在补习班教书的时候，每当发现有孩子假哭或者装病，我会暂时无视，然后说："如果改变主意了还想参加就跟我说。"不跟那个孩子单独说一句话。只有当孩子自己转变想法说"我还是参加吧"的时候，我才对他说："那就一起来吧。"我为什么会这么应对？因为不能靠自己转变想法的孩子，长大后会很艰难。

希望别人担心自己的人都有强烈的被认可需求。他们希望听到"没事吧""你好努力啊"这类话语，所以才做出吸引别人注意的行为。也可以说他们缺乏自我肯定意识，觉得被人担心是件好事，但根本就不是好事。

"我觉得你不能胜任这项工作,虽然很担心但还是交给你吧"和"我觉得是你的话一定没问题,那这项工作就拜托你啦",这两句话传递的感觉完全不一样,你希望听到哪句?

相信自己的孩子,今后请试着告诉他:"你能行!"给他鼓励:"这么努力,真厉害!"首先就从改变说话方式做起吧。

问：如何培养孩子的思考能力？

答：问孩子"你说为什么呢",给孩子创造思考的机会。把孩子提出的问题从头至尾讲一遍也没有用,要想培养孩子的思考能力,关键是让孩子自己发现答案。

打个比方,假如孩子不知道二分之一和六分之三的区别。但吃比萨的时候,孩子自己发现:"咦?二分之一跟六分之三是一样的!"这样是不是很好呢?之后他们就会主动思考还有没有类似的情况。当孩子向你提出问题时,你可以反问他:"有意思。你说为什么呢?"于是,他就会产生想要知道更多的好奇心。重点是留给孩子思考的余地。家长如果解释得过于详细,他就会变成只想知道答案的孩子。这样一来他就不能享受经历过程的乐趣,也不会思考。"想知道答案—问妈妈——一起查出答案"这样的过程最为理想。

以前我让补习班的学生解应用题时,有个孩子对我说:"请把公式告诉我。"思考的过程被完全跳过。我说:"思考公式不就是你的任务吗?"孩子回答我:"因为没学过,所以不会。"我又说道:"完成没学过的事情也是一种学习。"但在孩子真正理解这句话之前,我着实费了不少力气。教得太多,孩子就会停止思考。希望你通过提问,给孩子创造思考的机会。

问:不知道我家孩子有什么天赋,应该如何发掘呢?

答:总之让孩子多接触他想做的事吧。

因为职业的缘故,我接触过各种职业的人,他们让我感叹,真的很少有人能做自己喜欢的工作。大家在找到自己的爱好之前就长大成人了,不知道为什么就做了现在的工作。这样的人总感觉缺少一种好胜心,工作也干不长。果然,最好是把喜欢的事当成工作。为此,就要让孩子从小接触各种各样的事物。接触后发现不适合,那就不要继续。

人们常说"要忍耐",但这种思维已然过时。真正决定人生的是,如何在成百上千的选项中尽快找到自己喜欢的、感兴趣的东西。

如果您的孩子是比起一日三餐更喜欢玩游戏的游戏爱好者,那就可以选择成为游戏开发者这条路,还可以当一名活跃于世界级比赛赛场的专业游戏玩家。想成为You Tuber,那就用摄像机拍摄、制作视频。

儿童时期是宝贵的,因为无论失败多少次都可以重来。妈妈要多鼓励孩子:"就算这次失败了还有下次!""不管多少次都可以重新来过!"反复让孩子切身感受这一点,孩子就一定能找到自己喜欢的事。

问：该不该让孩子参加小升初考试？

答：以"就算孩子没考上第一志愿，或者想要中途退学，你作为家长是否都能支持孩子"为标准来进行判断吧。小升初考试非常残酷。想让孩子考重点学校的话，普通学习量是远远不够的。放学以后就要去补习班，周末也要被各种模拟考试充斥，生活里只有升学考试。

就算以上都能做到，能够考取第一志愿的孩子也只有3成而已。7成孩子都会去第二志愿及以下的学校。妈妈首先需要了解这个事实。就算落榜的可能性更大，是否依然能积极面对考试？重要的是，如果真的落榜，您能否引导孩子继续向前看。

另外，如果去了一个学校后发现并不适合孩子，那就赶紧退学去公立学校或者参加插班考试。关键的是，孩子入学以后，能否适应学校生活。如果很难适应，那就考虑其他选项。

后记
POSTSCRIPT

2018年7月,同时接收学龄前儿童和小学生的Terakoya Annex在东京的秋叶原站附近开班了。

经过了改建,工作人员也全员到位,我们发出了开班通知,很快就有人来报名,于是学期新正式开始。正当我充满干劲之时,到了开班第7天,一个5岁的男孩就出了点儿问题。他经常调皮捣蛋,也不想参加集体活动。了解情况后,我把他从大家围成的圈里叫出来,对他说:"调皮捣蛋就只有你一个人开心,其他人都觉得很困扰,所以能请你暂时先出去吗?"

大概对那个孩子来说,经历这种事还是第一次。被我说完之后,他在外面哇哇哭了好久。他是独生子,所以应该是被呵护长大的。我一眼就能看出他是那种被妈妈照顾得无微不至、爸爸也很温柔、活得顺风顺水的孩子。

但正因如此，我才让他体会一下什么叫作危机感。如果没有人指出来，他可能会一直误以为自己的做法是正确的。当他长大后，周围没人会认可他。

我在本书中也写到过，孩子会观察家长（大人）的觉悟。他们鄙视立刻食言的大人，信任遵守承诺的大人。

但我也并非真心想让孩子出去才这么做的。因为不能百分百预测之后的发展，所以每次做出行动之前我都紧张不已。但我真的相信那个孩子会有所改变，因此把我的想法用态度表现出来。不可思议的是，这个孩子明白了我的苦心，他变得愿意倾听我说话。这就是分界点。

最后，本书能够成功完成，得益于全国亲子学习协会各位教员的帮助，在此深表谢意。如果能激发阅读此书的妈妈、爸爸、孩子的动力，我将无比欣慰。

刚才提到的那个孩子，各位猜他后来怎么样了？出去以后过了几分钟，自己主动过来道歉了。现在依然在我们补习班上课，充满活力。凭借自己的力量走出去的孩子，今后的行为将会大不相同。希望各位的孩子也能踏出新的一步。

小室尚子

2018年9月